资助项目：
山西省软科学研究项目（2018041048-6）
山西省高等学校人文社会科学重点研究基地项目（2

科技金融与
科技型中小企业创新

周娟美◎著

经济管理出版社
ECONOMY & MANAGEMENT PUBLISHING HOUSE

图书在版编目（CIP）数据

科技金融与科技型中小企业创新/周娟美著. —北京：经济管理出版社，2021.3
ISBN 978 - 7 - 5096 - 8172 - 5

Ⅰ.①科…　Ⅱ.①周…　Ⅲ.①科学技术—金融—研究②高技术产业—中小企业—企业管理—研究　Ⅳ.①F832②F276.44

中国版本图书馆 CIP 数据核字（2021）第 146646 号

组稿编辑：高　娅
责任编辑：高　娅
责任印制：黄章平
责任校对：王淑卿

出版发行：经济管理出版社
　　　　　（北京市海淀区北蜂窝 8 号中雅大厦 A 座 11 层　100038）
网　　址：www. E - mp. com. cn
电　　话：（010）51915602
印　　刷：唐山玺诚印务有限公司
经　　销：新华书店
开　　本：720mm×1000mm/16
印　　张：11.75
字　　数：181 千字
版　　次：2021 年 3 月第 1 版　　2021 年 3 月第 1 次印刷
书　　号：ISBN 978 - 7 - 5096 - 8172 - 5
定　　价：78.00 元

·版权所有　翻印必究·

凡购本社图书，如有印装错误，由本社读者服务部负责调换。

联系地址：北京阜外月坛北小街 2 号
电话：（010）68022974　　邮编：100836

前　言

　　"科技金融"被普遍认为是中国本土的创新产物，术语本身也是一个富含中国特色的合成词，其基本内涵指科技创新与金融资本的深层次融合。随着创新型国家目标的确立，支持科技型中小企业成长为创新发源地，"促进科技与金融融合"成为我国的重要发展方向；2021年3月出台的国家"十四五"规划纲要继续强调实施创新驱动战略，实现高质量发展，促进科技与金融融合。这是紧贴国际国内竞争形势演化大局的科学预判与明确指引。从国际视角观察，新一轮科技革命已经风生水起，经过世界金融危机洗礼的发达国家都纷纷调整了经济战略布局，出台和实施科技创新发展规划，更加注重科技型中小企业作为创新重要主体对经济发展的作用。反观国内，近年来，科技型中小企业逐渐成为科技创新与驱动产业升级的重要力量，并取得了长足发展，承载着国家自主创新能力提升和区域发展转型等历史重任。很多战略性新兴产业，诸如节能环保、新材料、新能源等行业前景，都与科技型中小企业创新发展紧密联结。能否有效解决科技型中小企业的急迫难题，为创新扫清资金障碍，成为社会核心热点与理论研究焦点。

　　科技金融，作为帮助科技型中小企业走出融资困境的绿色通道，激活、整合、促进科技与金融资源良性互动和高效对接的工具与平台，正被金融体系中的各方力量以及科技企业广泛接受。尤其 2006 年以来，随着国家政策层面的加强与引导，涉及科技金融的观念、制度和环境，都有很大改观。2010年，我国正式启动了科技和金融结合试点工作，为科技型中小企业创新发展提供支撑。自此，科技金融进入组织化推进阶段，各项支撑政策全面跟进。不仅新三板、创业板等直接融资渠道发挥作用越来越强，占据金融体系核心位置的商业银行也在积极调整战略目标、有效开发科技金融产品、调整更适合科技支行的组织架构，形成针对性的战略服务体系；各类财政资金对科技型中小企业创新的投入持续加强。科技金融通过开启新的管理模式、手段和绩效，充分发挥制度创新的有效性，也助推了科技型中小企业创新的研发、转化和应用。

自 2015 年开始，笔者因为与广东华南科技资本研究院合作，参与了对广东科技金融连续几年的跟踪研究，对科技金融的最新发展动态以及国际、国内思想前沿持续关注，强烈意识到"科技金融与科技型中小企业创新"是实践急切呼唤理论指导的关键问题，既需开展多学科和跨学科的理论探讨，又需要提升实践认知。后来，笔者结合主持的相关山西省软科学研究计划项目（2016041010 - 1、2018041048 - 6）与山西省高等学校人文社会科学重点研究基地项目（20200128）等，在山西省、广东省等地进行了细致的实地调研，与项目组成员、省市有关部门负责人、业内专业人士等进行充分沟通、交流、讨论、访谈，完成大量一、二手调研资料的收集与整理，在整理各项研究报告、政策专报等研究成果的过程中，不断增加新思路与思考。

本书共有六章。第一章是绪论，主要介绍本书的研究背景与意义、研究内容、思路、方法以及可能的创新点。本书主要是根据国家提出的科技金融政策以及科技企业创新发展的背景，结合定性、定量以及实证研究方法，对科技金融助力科技型中小企业创新做出系统研究。

第二章是科技金融与科技型中小企业创新的理论基础。通过查阅资料，界定了科技金融、科技型中小企业以及科技型中小企业创新的相关概念，并分别归纳汇总了国内已有的关于科技金融政策演变分析、国内外创新课题的研究演变、科技型中小企业创新产出的限制性影响因素、科技金融政策对企业影响关系等方面的研究。通过对已有研究的梳理，奠定本书研究内容的理论及概念基础。

第三章是科技金融与科技型中小企业创新的发展耦合关系。科技金融作为科技与金融的"聚合体"，通过科技活动与金融活动之间的互动机制，产生科技资源与金融资源相互叠加的效益。科技金融的本质就是要助力科技型中小企业解决融资难和融资贵的问题，解决科技与金融融合于科技型中小企业时必要面临的信息不对称、风险与收益不对称、缺乏中介和载体等难题，引导金融资本聚集，同时借助金融的筛选功能和财富效应，促进科研成果的资本化和产业化，推动科技型中小企业最大限度地释放和激发创新活力。为了深入剖析，把科技型中小企业创新的生命周期分为科技研发时期、成果转化时期以及产业化时期三个阶段。尽管各个创新阶段都面临着融资问题，但不同创新阶段对科技金融的需求截然不同。根据不同创新阶段的特点，进一步研究其融资需求及路径，有助于为科技金融与科技型中小企业创新耦合发展提供理论支撑。研究证实，科技金融政策与科技型中小企业创新之间存在耦合关系，双向影响，互相促进。

第四章是科技金融投入对科技型中小企业技术创新的影响。本章基于2010～2017年中国中小板和创业板405家上市科技型中小企业数据，运用负二项回归模型实证分析各省（市）科技金融投入对科技型中小企业技术创新的影响，并进一步比较东部、中部、西部三大经济带科技金融投入对科技型中小企业技术创新的异质性影响，以期为完善我国科技金融体系，破解科技型中小企业融资困境提供借鉴意义。运用定量方法研究科技金融体系在我国不同经济带间的差异，为精准施策奠定理论基础。

第五章是山西省科技金融与科技型中小企业创新研究。放眼山西省，科技发展缓慢，且呈现产业不均的态势。这与山西省作为资源型省份，依靠资源型产业实现省内经济发展的背景不无关系。在过去，科技创新往往只出现在特定的行业，具有相关行业背景且能更快地把握住机遇的地区往往更易获得成功，而山西省具备资源优势的时代似乎已经远去。眼下，这轮巨大的机遇覆盖各个行业、各个领域。山西省清晰地认识到了科技金融政策的重要性，建立了山西省转型综改区，借鉴发达地区的先进经验，结合自身优势，建立了山西省科技金融综合服务平台等，以实际行动落实科技金融政策，扶持山西省科技型中小企业的迅速发展，实现地区的转型发展。山西省通过各种措施落实科技金融政策，助推科技创新迅速发展。不可否认，山西省的科技金融体系与发达地区还有很大的差距，需要完善的地方还有很多，怎样完善山西省科技金融体系，更好地助力科技型中小企业创新是山西省相关部门需要思考研究的问题。

第六章是数字时代的科技金融与科技型中小企业创新。科技改变生产生活，并影响各行各业。数字技术加快赋能金融业，新型金融业态蓬勃发展，推动实体经济高质量发展。在数字时代的背景下，科技金融也经历了数字化转型，从大数据、区块链云服务、智能 AI 到互联网，科技金融在助力科技型中小企业的过程中，也向着高效、智能、优化的方向发展。科技型中小企业在数字时代的背景下，创新发展也发生了翻天覆地的变化。在产业布局、网络连接等各个方面表现出数字时代的标记。在数字时代下，科技金融助力科技型中小企业的系统整体中，各个部分都在发生变化，需要面对解决的困难也更多，但是不可否认的是，数字时代促进了整体朝着更好的方向发展，在这一过程中，政策引导的关键性作用必不可少，也需要随着时代变化做出调整。

本书付梓之际，由衷感谢项目组成员在前期研究中给予的协力支持，感谢中北大学经济与管理学院领导和同事给予的关心和爱护，感谢 206 创新研究室各成员，感谢本书所引作者的研究成果与资料。"十四五"规划已开局，战略规划引领、资源投入保障等都将使国家、地区迈向创新征程，科技金融与科技型中小企业必将发挥更大作用，希望本书能为相关研究与思考抛砖引玉。

周娟美

2021 年 4 月 20 日

目　录

第一章 绪论

讨论科技金融与科技型中小企业创新，实质上是探索科技金融对创新的支持如何落在实处。理论上，熊彼特主张的"经济发展由创新与金融两个轮子驱动"的观点得到了有力支持，但科技与金融相互作用促进技术变迁并未立足科技型中小企业得到充分研究，这是实践对理论提出强烈呼唤的核心内容。本章重在提供全书架构的基础内容。

一、研究背景与意义

（一）研究背景

1. 我国发展科技金融的必要性

在人类发展史上，科技革命对经济发展的深远影响使世界各国越来越重视科技创新。从 21 世纪开始，各国将创新提高到战略高度，创新能力已成为衡量经济社会发展和国家竞争力的核心要素。

自我国实施改革开放政策以来，一大批有利于我国经济迅速发展的产业迅速拔地而起，高技术产业和战略新兴产业是其中的典型代表。由于我国资源环境约束趋紧，经济发展迫切需要转变为创新驱动。党的十八大提出要坚持走中国特色自主创新道路、实施创新驱动发展战略；党的十九大再次强调"创新是引领发展的第一动力"，要坚定实施创新驱动发展战略。经济新常态下，中国高新技术产业发展的路径和模式不断完善，我国在全球价值链和产业分工体系中的作用和地位逐渐得到世界各国的认可。在创新驱动发展的过程中，高新技术企业是国家自主创新的主体，对技术进步具有重要的推动作用，其中科技型中小企业的作用最为突出。科技型中小企业作为我国自主创新的重要驱动力，为我国创新驱动发展战略的精准实施贡献了巨大的力量。在我国，科技型中小企业提供了全国一半以上的发明专利和大部分的技术创新及新产品开发，在促进科技成果转化、促进经济增长、缓解就业压力等方面具有重要作用，具有高成长性和高收益性。高技术产业作为知识密集型产业，始终以科技创新为强大动力，在推动我国经济的高质量持续增长和快速发展的同时，也遇到一些难题，特别是科技型中小企业从发展到产品研发再到产业化的过程中巨大的资金需求，所以其最大的问题就是融资难。与其他中小企业相比，科技型中小企业因其在生产经营等方面存在信息不对称等特有现象，所以具有高风险这一特性，同时，金融系统与科技型中小企业的风险收益错配也使当前我国科技型中小企业普遍面临着金融支持不足的问题。

从国内外实践经验来看，金融在高新技术产业发展的过程中不仅是一种重要的生产要素，也是资源配置的重要手段。科技金融将科技企业的融资需求与金融市场的收益追求结合起来，将创新与金融的双向促进模式有效利用，实现了科技创新与金融资源的双向促进。

2. 我国区域科技金融发展不足

虽然国家对科技型中小企业的融资问题给予了极大重视，但科技创新过程中融资的需求远未被满足，科技型中小企业面临的资金困境始终没有得到有效解决。总结其原因主要在于科技型企业本身所存在的高风险性难以缓解；科技金融的整体软环境还不够成熟，还未形成良好的创新生态体系；金融专业和管理人才稀缺、匮乏；整体社会对于科技金融还未形成广泛的认识等。统计显示，我国的科技金融区域发展严重不均衡，全国近2/3的地区科技金融发展水平低于全国均值，发展水平较好的城市也处于起步阶段；而且，北京、广东、江苏东部等地区科技金融发展较快，中部与西部地区发展较慢，且发展差异明显。很多地区的科技金融区域内部发展结构也不均衡，如有些地区的科技金融发展水平综合排名较高，但其科技金融体系下不同主体的发展水平差异较大。因此，在创新驱动发展战略下，我国经济发展不能拘泥于过去的模式和道路上，要探索更加高效的经济发展方式，加快经济转型，必须创新科技金融机制，优化金融环境，解决我国科技型中小企业自主创新的金融支持不足问题，使高新技术企业创新链条得以顺利地运行，各环节得以顺利衔接，助力高新技术产业以推动整个社会的科技创新，实现经济的可持续发展。

3. 山西省科技金融发展的问题亟待解决

据调查，近几年，山西省科技金融发展虽一直处于全国末十位的状态，但就山西省内部而言，全省科技金融处于稳重有序的发展态势。全省科技人才队伍不断壮大，科技投入不断提升，科技产出及成果显著，科技企业数量、规模不断发展壮大等，都成为山西省科技金融良好发展的有力证据。

科技与金融的融合程度以及发展质量对山西省产业结构升级和经济发展方式的转变都有着十分重要的意义。山西省科技金融环境、规模、质量以及运行等都对科技金融能在未来实现良性发展至关重要。研究山西省科技金融的整体情况是为了分析金融资源对山西省科技型中小企业发展的支撑能力，同时找出制约山西省科技型中小企业发展的因素，从而有效提高其科技成果技术化和商业化水平。

（二）研究意义

1. 理论意义

我国的科技金融理论体系尚未成熟，国内外学者大都停留在宏观层面，大都以科技与金融的结合机制为研究对象进行探索，较少研究科技金融对中小科技企业的支撑作用。"科技金融"一词虽在 1993 年就已经被提出，但是到目前为止，国内外的相关学者对科技金融的相关方面都没有做出统一的界定。综上所述，首先，本书分别对科技金融的内涵、发展历程、相关理论等方面及科技型中小企业的内涵方面进行了简要分析；其次，以科技型中小企业的生命周期为基础，探究了科技金融与科技型中小企业创新的耦合互动理论机制。这有助于加深对科技金融、科技型中小企业创新以及两者之间动态融合机制的理解。

2. 实践意义

科技为我国经济发展带来了源源不断的动力，其发展对于我国相关产业的结构转型和发展升级具有加速作用。但由于我国科技产业自身的特点，单一的优质科技资源不足以支撑科技产业的发展，科技金融体系的运作支撑可以更有效地发挥科技资源的作用，促进科技产业的高质量发展。近几年，虽然我国高新技术产业取得了显著的成果，但其发展过程中的问题普遍存在。为了促进我国科技产业升级、加强科技企业的创新能力，必须要构建一个各方配合有序、支撑作用显著的科技金融服务体系。科技金融的兴起正是为这些正处于成长期的中小科技企业提供了有利于创新发展的融资渠道和保障。只有将科技与金融结合，才能使金融的资源配置机制成功助力于科技产业的发展和创新，这对于我国深入实施自主创新战略和实现产业转型升级具有重大实践意义。

本书在理论分析的基础上，通过收集相关数据，对科技金融与科技创新特别是科技型中小企业创新为研究对象进行了实证研究，定量分析了科技金融对科技型中小企业顺利进行创新活动的影响；其次，本书以山西省科技金融为研究对象，从山西省的整体环境、服务平台的运行、科技型中小企业创新及山西省综合改革转型示范区（以下简称山西省综改区）发展现状等方面，探究了山西省科技金融与科技型中小企业之间的耦合关系，发现了两者在动态融合过程中的问题，结合地方特色因地制宜地探索适合山西省省情科技金融的发展路径，更好地将理论与实践进行了结合，并就结论做出相应的政策建议，为之后的相关研究提供了参考和借鉴。

二、研究内容与研究思路

（一）研究内容

本书除绪论外由五个章节构成。

第二章为科技金融与科技型中小企业创新的理论基础。包括科技金融、科技型中小企业、创新和科技型中小企业创新的理论分析。该部分首先从概念界定、参与主体、运作模式、特征以及作用对科技金融进行理论阐述，进一步研究分析1978年至今科技金融在不同经济改革时期的发展历程，从金融创新、科技创新以及科技金融理论体系方面梳理国内外文献，对文献进行述评，梳理并研究分析科技金融体系理论；其次对科技型中小企业的概念进行界定，分析研究科技型中小企业的融资特点及融资现状，总结出科技型中小企业融资存在时间紧、周期长、频率高以及融资难的现状；最后对创新、科技型中小企业进行研发创新理论分析，为接下来的研究奠定理论基础。

第三章为科技金融与科技型中小企业创新的发展耦合关系。以科技金融政策体系、科技型中小企业进行研发创新理论为基础，分析研究了科技金融政策体系与科技型中小企业进行研发创新的双向促进机制。首先研究分析科技型中小企业进行研发创新的生命周期由研发时期、成果转化时期以及产业化时期组成，并进一步阐述企业不同生命周期的发展特点以及科技金融在各生命周期阶段的重要性；其次将科技金融环境划分为市场科技金融环境和公共科技金融两部分，对科技金融政策体系以及科技型中小企业进行研发创新活动两个系统进行耦合，并对其耦合理论机制进行分析研究；最后分别对科技型中小企业研发阶段、成果转化阶段以及产业化阶段与科技金融的耦合进行研究分析。

第四章为科技金融投入对科技型中小企业技术创新的影响。在分析我国科技型中小企业进行创新能力提升的影响制约因素的基础上，以2005～2015年中小板上市公司结合上市公司所在地区的科技金融投入均衡面板数据为例，建立模型，实证检验科技金融投入的不同路径对于科技型中小企业提升技术创新能力的影响。研究将区域科技金融投入划分为财政科技投入、资本市场融资、银行贷款以及创业风险投资四类。研究发现：财政科技投入和创业风险投资能够正向促进中小企业创新能力的提升，而银行贷款和资本市场的促进作用并不明显，这两类科技金融投入对技术创新有时会表现出抑制作用；除此之外，由于科技金融的发展在区域之间存在差异，科技金融投入对于相关企业的促进作用也表现不同，科技金融发展程度与其对于创新能力的促进作用之间存在正相关关系。

第五章为山西省科技金融与科技型中小企业创新研究。包括山西省科技金融发展环境、山西省科技金融服务平台、山西省科技型中小企业创新现状及问题分析，并以山西省综改区为重点研究对象探究科技金融与科技型中小企业创新的发展耦合。

首先从政策、法律、经济、科技以及金融环境五个方面对山西省科技金融发展环境进行分析，研究发现山西省科技金融政策、法律、金融环境利好，但存在金融政策与法律不完善、政策出台不及时、政府投入力度不足、执行效果低下等问题。国民生产总值低于全国平均水平，以传统第二产业为主要产业，第三产业产值比重在增加，但多以物流服务业为主，高新技术企业比重较低；山西省对科技投入的重视程度很高，科技产出虽逐年增加，但专利授权数仍低于国内平均水平。山西省科技金融发展环境还有待进一步提高和改善。在对山西省科技金融政策体系发展环境分析的基础上，构建山西省科技金融服务平台模型。平台主体包括科技金融需求方、供给方、中介机构和政府平台，平台的功能作用是服务科技企业的投融资需求、整合发布信息资源、引导服务科技创新和提供其他增值服务。其次对山西省综改区的科技型中小企业发展现状进行分析，并研究分析综改区科技金融与科技型中小企业的耦合发展关系。

第六章为数字时代的科技金融与科技型中小企业创新。包括数字时代的科技金融前沿、数字时代科技型中小企业前沿变化、数字时代科技金融对科技型中小企业创新的影响、数字时代的科技金融与科技型中小企业创新的政策诉求以及数字时代的科技金融与科技型中小企业创新的发展趋势五个方面。

首先从数字时代背景下科技金融与科技型中小企业的前沿变化两个方面探讨数字时代的影响力，发现科技金融与科技型中小企业为适应数字时代的变化，都纷纷做出了创新调整。其次探索数字时代背景下科技金融对科技型中小企业创新的影响，研究发现科技金融对科技型中小企业创新的影响在路径、异质性影响以及机制方面都表现出不同，各方都积极融入数字时代的浪潮，力图寻求更好的发展。在做出以上研究之后，本章着重关注在数字时代背景下的政策诉求、政策建议紧跟数字时代潮流。最后本章对数字时代的科技金融与科技型中小企业创新做出发展趋势的展望。

（二）研究思路

首先基于对科技金融和科技型中小企业进行科技创新的理论分析，研究科技金融与科技型中小企业耦合发展的理论机制，并对科技金融政策体系投入对科技型中小企业技术创新的影响机制进行实证研究分析。其次对山西省科技金融与科技型中小企业发展进行现状及问题分析，基于科技金融与科技型中小企业耦合的理论及实证分析，构建山西省科技金融服务平台，以山西省综改区为例，进行实证分析。最后为山西省科技金融政策体系完善与科技企业尤其是中小企业的发展提供对策建议。本书的基本思路如图 1-1 所示。

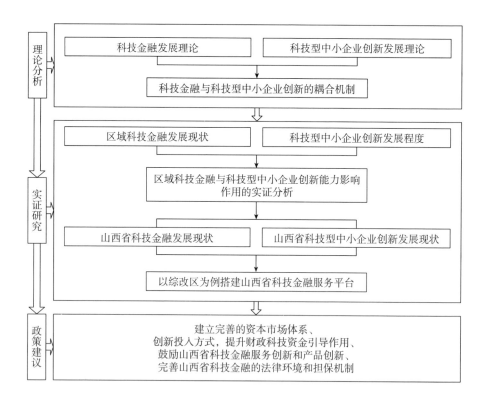

图 1-1　本书的基本思路

三、研究方法与可能的创新点

（一）研究目的

本书以山西省科技金融服务体系与科技型中小企业创新机理之间的耦合关系为出发点，厘清山西省科技金融政策体系的发展现状、存在的问题，阐述科技金融资源促进科技型中小企业创新的作用机理；阐明科技金融资源在科技型中小企业生命周期不同阶段的耦合关系与配置机制。基于以上内容以及科技金融的运行机制，构建山西省科技金融服务平台，使其在整合山西省科技金融资源方面发挥应有的作用；以创业风险投资、科技信贷、互联网金融、多层次资本市场四大子体系为研究基础，探析山西省科技金融市场体系的建设情况；最后，结合以上分析内容，系统分析山西省科技金融支持政策体系的建设需求，并围绕创新投入方式、完善资本市场体系、鼓励山西省科技金融体系中的相关各方进行服务和产品创新、完善山西科技金融法律环境和担保机制四个方面提出相关建议。

（二）研究方法

1. 文献研究结合实地调研的方法

本书将有关科技金融及服务平台的文献进行整理分析，借鉴相关研究成果，同时为本书提供理论基础。通过对山西省科技金融有关的各主体方如企业和政府机构的相关数据进行整理分析，研究山西省科技金融发展的现状，为本书提供数据支撑和现实基础。

2. 理论分析结合比较分析的方法

本书整理分析相关文献，探讨分析科技金融内涵、科技金融服务平台等相关理论研究，进一步了解山西省科技金融发展的现状及相关政策体系的发展环境，指出山西省发展科技金融政策体系的制约因素。同时研究分析科技金融发展比较成熟的地区，总结相关经验，横向对比，分析山西省构建科技金融服务平台的重要意义。

3. 定性分析结合定量分析的方法

以科技金融相关理论为基础，运用定性分析方法，为山西省的科技金融发展量身定制发展模式。同时通过实地调研，将科技金融体系相关各主体方如企业和金融机构纳入数据收集的统计范畴，将获得的统计数据通过 Stata 等软件进行政策体系的有效性研究，并对山西省科技金融未来的发展走向进行模拟。

4. 经验借鉴法

针对我国科技金融发展成熟度比较高的城市或区域进行分析研究，总结其成功的经验以及值得借鉴的地方，横向对比山西省相关各方的发展、不足与制约因素并提出方法与对策。

（三）创新点

本书重点研究了山西省科技金融政策体系的发展水平及其对科技型中小企业融资效率的影响，通过对科技型中小企业不同发展阶段的发展状况和特性的分析，具体探究科技金融与科技型中小企业之间的耦合关系。

研究结论部分，本书就山西省目前科技金融政策体系对于科技型中小企业的支撑作用进行了全面的分析，在构建科技金融支持科技企业创新的体系、创新科技金融的政策及影响机制、加强政府在引导和促进等方面的作用、建立较为完善的科技金融市场体系以及推动建立科技金融的服务平台等相关方面提出了建议。

第二章　科技金融与科技型中小企业创新的理论基础

创新理论既是科技型中小企业创新的理论根基，也是科技金融作为金融创新表现形式之一的坚实理论根基。西方学界并未有"科技金融"概念，科技金融是在中国特殊国情推动下产生的，无论是理论还是实践，在中国有需求、有共识，并且有鲜明的实用政策导向。本章详细阐述了研究所涉及的基本概念、相关基础知识以及科技金融的理论与实践发展，为后述探讨科技金融与科技型中小企业创新奠定理论基础。

一、创新理论

（一）理论内涵

"创新"最早是美国经济学家熊彼特（J. A. Sehumpeter）于 1912 年在德文版《经济发展理论》一书中提出的，他从经济学角度将创新定义为"新的生产函数的建立"。在熊彼特的定义中，创新可概括为五种类型：第一，生产新产品；第二，在企业的生产经营过程中将新的工艺过程与生产方法引入；第三，开辟新市场；第四，在产品的生产中开发并运用新的材料或者是开发半制成品的新的来源；第五，采用新的组织方式。管理学和经济学研究中，也将创新划分为三大类别：一是技术创新，包括开发新的产品，对还有价值的老产品进行改造，将新的生产方式应用于生产管理，将新的原料等应用于企业生产以及获得新的供给来源；二是市场创新，既包括在企业目前所占有的市场上进行份额的扩大，也包括将产品与服务推广到其他市场上去；三是组织创新，包括保留原有的组织形式的优点进行改革及推翻原有的形式结构建立崭新的经营及组织的架构。

（二）发展演进

自经济学家熊彼特第一次提出创新理论后，创新研究就拉开了序幕，包括华尔特·罗斯托、伊诺思、厄特巴克等多位学者对创新的内涵和相关理论展开了大量的研究。其中对技术创新的关注，远超其他类别。

熊彼特阐述"创新"时将发明创造与技术创新进行了辨别区分。认为，发明创造并不涉及新的实物而只是一种新的概念或者设想，在某些情况下最多会以实验品的形式出现，而技术创新则是在生产体系引入一些新的发明或者是新的科技成果，并利用生产体系将原理进行商品化，从而使生产系统产生震荡效应。将科技成果转化为商品实现其市场价值并通过企业运作将产品产业化才是技术创新的内涵。

20世纪60年代，随着新技术革命带来世界的迅速发展，美国著名的经济学家华尔特·罗斯托在此背景下提出了"起飞"的六个阶段的理论，在对"创新"的概念继承和发展中变为"技术创新"，并对"技术创新"给予了高度的认可，认为其占据着"创新"的主导地位。

1962 年，在《石油加工业中的发明与创新》中，伊诺思将技术创新与行为的集合联系起来，并从后者的角度对前者进行了定义"技术创新这一结果其实是在几种行为综合影响的情况下出现的，几种行为的综合影响意味着发挥作用的行为并不是单一的，包括选择发明、将资本投入时的保证、制定组织的行动计划、招聘具有资质的工人、建立一个完整的组织以及后续对于市场大的开辟和占领等"。在对技术创新定义的过程中，创新时序过程角度也是很重要的一个方面，代表性的学者主要有林恩，他认为技术创新是始于对技术的商业潜力的认识，但是只有将其完整地进行产品化以及市场化的过程才是技术创新。

20 世纪七八十年代开始，相关学者进一步研究创新及其相关的理论知识，有关理论开始系统化。1974 年，厄特巴克发表了《产业创新与技术扩散》，他认为创新其实是实际采用或者第一次使用的技术，创新与发明不同，也与技术样品存在较大差异。前人对技术创新进行了多次的概念界定，在 20 世纪 80 年代中期在对相关的概念进行整理分析时，缪尔赛（R. Mueser）的贡献巨大。在整理分析的基础上，他认为技术创新因为其自身具有较高的技术难度所以是非连续性事件，而此类非连续性事件具有新颖的构思以及能够成功实现的特点。这一定义突出了技术创新在两个方面的特殊含义：一是活动的非常规性，包括新颖性和非连续性；二是活动必须获得最终的成功实现。

随着统计方法的发展，涌现出一系列标志性成果，例如，门施和弗里曼为代表的周期理论，他们用现代统计资料和方法对熊彼特的观点进行了验证，并将创新理论进行了升华，被称为"新熊彼特主义"。此外，创新的研究者在对创新理论进行研究时，进行了分解式的研究，并结合多角度和多层次的研究将创新理论发展为两个分支，它们彼此独立：一是技术创新理论，主要的研究对象是技术；二是组织创新理论，研究关注组织结构的变革和形成。

我国学者在传承西方对于技术创新理论的研究成果基础上开始了自己的

研究。厉以宁教授与唐岳驹教授分别在 1978 年与 1981 年发文介绍并研究熊彼特创新理论，1989 年傅家骥教授承担课题"我国大中型企业技术创新研究"，受到国家自然科学基金的资助，打开了国内学者研究国内创新问题的大门。随着我国学者对于创新研究的不断发展，对于西方学者研究创新的翻译介绍等已经不能满足，学者将视角转向实证研究我国本土企业的创新活动。例如，解学梅（2010）等在对长三角都市圈中小型企业进行调研并获取了相关的实证数据的基础上，通过模型的构建，将创新的多维模式进行了识别，强调在中小企业的协同创新模式和创新绩效中协同效应的中介作用。高长元（2014）等选取江苏虚拟软件园为研究对象，在构建软件产业虚拟集群创新扩散模型时创造性地将传统的创新扩散方法同传染病模型相结合，在研究中揭示集群创新扩散规律。刘玉强和赵公民（2018）构建了基于递归学习的实验分析框架，阐明了大型社会技术系统的社会学习机制和其在社会中的知识生产方式，为此类技术系统的创新治理提供了理论框架和政策启示。武勇杰和赵公民（2019）突破已有研究将人力资本作为传统投入的局限，将其视为地区吸收能力来衡量技术显著水平的新视角，提出了一种考虑空间溢出和地区吸收能力差异的地区经济增长模型。除此之外，学术界主要就技术创新的层次、机制与模式、扩散与转移、创新与企业家行为、技术进步与技术创新、管理创新与组织创新等主题也展开了系统的研究，并在此基础上形成了我国的创新理论体系。

（三）创新形式

创新的形式主要可分为四类：知识创新、技术创新、管理创新和金融创新。

1. 知识创新

知识创新是在科学研究现有基础之上进行发明或创造，获得新的知识的过程。知识创新可以包括物理学、化学、动物学、数学等学科领域的知识创新，也可包括哲学、政治经济学、法学、管理学、美学、伦理学等学科领域的知识创新。

知识创新的目的是探索新发现、发现新规律、开创新方法、研究新学说并进行知识的积累。在技术创新的过程中，知识创新总是作为奠基石出现，知识创新提供了新的技术和发明的原材料，并且作为一股强大的力量推动了科学技术的进步以及经济的快速增长。在人类认识和改造世界的过程中总少不了知识创新所提供的理论和方法，人类的文明取得进步以及社会的高度发展都离不开知识创新的力量。知识和创新是企业在全球竞争中能否保持竞争优势的关键，知识创新离不开产权制度的保护。

2. 技术创新

技术创新是以创造新技术为目的的创新或以科学技术知识及其创造的资源为基础的创新。

技术创新活动及其风险承担的是企业，企业家在技术创新的过程中起着倡导和实践的作用。企业的突破和发展，依赖于企业家的冒险精神、勇气与魄力等，以及创新精神。技术创新必须是在已有技术水平上的突破和发展，目的是解决现有技术中的某些短板，使其技术效果有较大的跃进。

3. 管理创新

在知识经济快速发展的今天，企业要进行有效而成功的管理，最重要、最关键的就是创新，只有不断创新、调整组织构建，才能提高企业竞争能力，获得更高的价值与效益。因而管理创新是指组织形成创造性思想并将其转换为有用的产品、服务或作业方法的过程，在传统管理的基础上，有效地整合企业有限的资源，实现对传统管理模式的改造和改革。管理创新也可以细分为理念创新、组织创新、管理方式创新、管理模式创新等。

4. 金融创新

金融创新从 20 世纪 50 年代一直到目前不断呈现蓬勃发展的趋势。金融创新（Financial Inovation）的定义，目前国内外解释有许多种，大多来自熊彼特对创新的研究，在经济发展的过程中存在于微观层面的生产关系与生产力两个方面的创新行为是其主要研究对象，可以说，熊彼特对创新的界定为界定金融创新奠定了基础。

经济学家陈岱孙、厉以宁主编的《国际金融学说史》对金融创新进行了新的定义：在金融领域内建立"新的生产函数"是各种金融要素的新的结合，是为了追求利润机会而形成的市场改革。这里，创新是指在金融体系和市场上所出现的一系列新的事物，其中包括金融的组织管理形式与方法、支付以及清算时所使用的手段、融资方式、金融工具乃至新的金融市场。

金融创新是经济发展的必然结果，但金融创新本身是中性的，具有"双刃剑"特质，毕竟其出发点主要是规避管制和追逐利润，既可能产生好的结果，也可能潜藏和诱发不良结果。

二、科技型中小企业概述

（一）科技型中小企业的概念

科技型中小企业又称为中小型科技企业、创新型中心企业等。

科技型中小企业是以高新技术及产品的研制开发、生产转化和销售经营为主体业务的中小企业，是一种知识、技术和人才密集型，并以追求创新为核心的企业实体，它富于创新，具有灵活的高科技产品开发研制机制和经营机制，具有灵活快速的市场适应能力，是整个社会的中小企业中最具活力和发展前景的企业。因其灵活的创新机制和较高的创新效率，成为最活跃的技术创新群体、科技成果转化的主要承担者，在推动科技进步、推进产业升级及经济增长等方面扮演着越来越重要的角色。

具体指标方面：

首先，以2018年国家统计局修订形成《统计上大中小微型企业划分办法（2017）》为准，判断中小企业（见表2-1）。其次，在此基础上，根据科技部、财政部、国家税务总局联合制定的《科技型中小企业评价办法》（国科发政〔2017〕115号），判断是否为科技型中小企业（见表2-2）。

表2-1　中小企业的判定标准

行业名称	指标名称	计量单位	大型	中型	小型	微型
农、林、牧、渔业	营业收入（Y）	万元	Y≥20000	500≤Y<20000	50≤Y<500	Y<50
工业	从业人员（X）	人	X≥1000	300≤X<1000	20≤X<300	X<20
	营业收入（Y）	万元	Y≥40000	2000≤Y<40000	300≤Y<2000	Y<300
建筑业	营业收入（Y）	万元	Y≥80000	6000≤Y<80000	300≤Y<6000	Y<300
	资产总额（Z）	万元	Z≥80000	5000≤Z<80000	300≤Z<5000	Z<300
批发业	从业人员（X）	人	X≥200	20≤X<200	5≤X<20	X<5
	营业收入（Y）	万元	Y≥40000	5000≤Y<40000	1000≤Y<5000	Y<1000
零售业	从业人员（X）	人	X≥300	50≤X<300	10≤X<50	X<10
	营业收入（Y）	万元	Y≥20000	500≤Y<20000	100≤Y<500	Y<100
交通运输业	从业人员（X）	人	X≥1000	300≤X<1000	20≤X<300	X<20
	营业收入（Y）	万元	Y≥30000	3000≤Y<30000	200≤Y<3000	Y<200
仓储业	从业人员（X）	人	X≥200	100≤X<200	20≤X<100	X<20
	营业收入（Y）	万元	Y≥30000	1000≤Y<30000	100≤Y<1000	Y<100
邮政业	从业人员（X）	人	X≥1000	300≤X<1000	20≤X<300	X<20
	营业收入（Y）	万元	Y≥30000	2000≤Y<30000	100≤Y<2000	Y<100

续表

行业名称	指标名称	计量单位	大型	中型	小型	微型
住宿业	从业人员（X）	人	X≥300	100≤X<300	10≤X<100	X<10
	营业收入（Y）	万元	Y≥10000	2000≤Y<10000	100≤Y<2000	Y<100
餐饮业	从业人员（X）	人	X≥300	100≤X<300	10≤X<100	X<10
	营业收入（Y）	万元	Y≥10000	2000≤Y<10000	100≤Y<2000	Y<100
信息传输业	从业人员（X）	人	X≥2000	100≤X<2000	10≤X<100	X<10
	营业收入（Y）	万元	Y≥100000	1000≤Y<100000	100≤Y<1000	Y<100
软件和信息技术服务业	从业人员（X）	人	X≥300	100≤X<300	10≤X<100	X<10
	营业收入（Y）	万元	Y≥10000	1000≤Y<10000	50≤Y<1000	Y<50
房地产开发经营	营业收入（Y）	万元	Y≥200000	1000≤Y<200000	100≤Y<1000	Y<100
	资产总额（Z）	万元	Z≥10000	5000≤Z<10000	2000≤Z<5000	Z<2000
物业管理	从业人员（X）	人	X≥1000	300≤X<1000	100≤X<300	X<100
	营业收入（Y）	万元	Y≥5000	1000≤Y<5000	500≤Y<1000	Y<500
租赁和商务服务业	从业人员（X）	人	X≥300	100≤X<300	10≤X<100	X<10
	资产总额（Z）	万元	Z≥120000	8000≤Z<120000	100≤Z<8000	Z<100
其他未列明行业	从业人员（X）	人	X≥300	100≤X<300	10≤X<100	X<10

注：中型和小型企业须同时满足所列指标的下限，否则下划一档。

资料来源：国家统计局《统计上大中小微型企业划分办法（2017）》。

符合以上中小企业的标准，并具有一定比例的科技人员和研发经费投入，通过开展创新活动提供产品或服务，判定是否为科技型中小企业。2017年，科技部、财政部、国家税务总局联合制定了《科技型中小企业评价办法》（国科发政〔2017〕115号），明确科技型中小企业的基本标准为"413"："4项基本准入条件"（注册地、企业规模、产品及服务、企业信用），"任意1项重要指标"（高新技术企业、研发机构、科技奖励、制定标准），以及3项指标得分的限制（科技人员、研发投入、知识产权3项的综合评价指标最低为60，其中科技人员得分不得为0，意即科技人员占职工人数的比例必须大于10%），如表2-2所示。

表 2 - 2 科技型中小企业判定的"413"标准

标准	指标	指标解释	
"413"标准之"4"	指标1：注册地	企业为在中国境内（不包括港、澳、台）	
	指标2：企业规模	企业职工总数不超过500人，年销售收入总额不超过2亿元	
	指标3：产品及服务范围	企业提供的产品和服务不属于国家规定	
	指标4：企业信用	企业在填报上一年及当年内未发生重大严重环境违法，科研严重失信行为，且记录和严重违法失信企业名单	
"413"标准之"1"	指标5：高新技术企业	企业拥有有效期内高新技术企业资格证书	
	指标6：研发机构	企业拥有经认定的省部及以上研发机构	
	指标7：科技奖励	企业近五年内获得过国家级科技奖励，并在获奖名单中排在前三名	
	指标8：制定标准	企业近五年内主导制定过国际标准，国家标准或行业标准	
"413"标准之"3"	指标9：科技人员职工总数比例（此项指标不得为0分）	≥30%（20分）　　　　25%≤R＜30%（16分） 20%≤R＜25%（12分）　　15%≤R＜20%（8分） 10%≤R＜15%（4分）　　R＜2%（0分）	
	指标10：研发收入（两项择一）	研发费用总额占销售收入的比例	≥6%（50分）　　　　5%≤R＜6%（40分） 4%≤R＜5%（30分）　3%≤R＜4%（20分） 2%≤R＜3%（10分）　R＜1%（0分）
		研发费用占成本费用支出总额的比例	≥30%（50分）　　　　25%≤R＜30%（40分） 20%≤R＜25%（30分）　15%≤R＜20%（20分） 10%≤R＜15%（10分）　R＜10%（0分）
	指标11：知识产权（有效期内，属权无争议，与主要产品、服务相关）	1项及以上I类知识产权（30分） 4项及以上II类知识产权（24分） 3项II类知识产权　　　（18分） 2项II类知识产权　　　（12分） 1项II类知识产权　　　（6分） 没有知识产权　　　　　（0分）	

资料来源：科技部、财政部、国家税务总局《科技型中小企业评价办法》（国科发政〔2017〕115号）。

（二）科技型中小企业的特点

科技型中小企业在我国的发展建设中扮演了不可或缺的角色，具有以下显著的特点：

1. 科技含量高、研发能力强

科技型中小企业的一个重要的特征就是科技含量高、研发能力强，在生存发展过程中的主要任务是研发新技术、新产品，它在产品的技术含量以及持有的专利技术方面具有较大的优势，尤其是产品所具有的高科技含量成为企业在市场竞争中的重要优势。科技型企业若想将这种竞争优势延续下去，独立的自主研发能力是企业必须加强和重视的方面。在科技企业内部研发以及经营过程中，研发资金不得低于每年企业销售收入的5%，专职研发人员的数量也有所限制，不得低于企业职工总数的10%。

2. 资产及规模小

科技型企业相比于其他类型的企业的最大特点就是固定资产少，以工业企业为例，根据新修改的《大、中、小型工业企业划分标准》，中型工业企业的划分标准为年销售收入和资产总额在5000万~5亿元，而之前所提到的科技型中小企业的标准在2亿元以下，远远小于工业企业的标准。由此可见，科技型企业的资产规模是所有类型企业中最小的。不同于传统制造业企业依靠场地设备生产产品从而获利，科技型企业的核心就是他所持有的专利技术，在信息化时代，特有的一些专利技术只需要一台电脑就可以完成，根本不需要占用土地资源。

3. 体制灵活

科技型中小企业由于自身的规模比较小，因此在企业管理方面也相对精简，组织架构比较简单，组织的层级少，在传递信息时更加迅速，在层级之间传递而引起的信息失真的可能性也会更低。相对于大企业较为严格规整的经营运作机制而言，科技型中小企业会更加灵活。在面对市场竞争时，获取相关信息，企业的战略调整等更加迅速，更适应快速发展的商品市场。

4. 高素质复合型人才缺失

高素质高专业的人才是科技型中小企业最关键的环节，企业的创立者一般都为某行业的技术人员，具有良好的素质及创新精神，专业能力毋庸置疑，但人力资源的投入过于倾向科研人员，人力资源管理模式简单，就会导致缺乏管理、营销方面的人才。技术人员缺少相关的经营管理培训，对于企业内部管理、市场推广方面并没有经验，企业又没有足够的资金聘请到专业的管理及财务人才，再加上企业创立者身兼数职，大多数企业的内部管理非常松散、财务报表简单粗糙，也就无法获得担保公司及银行的好感。同时，由于科技企业如雨后春笋般相继成立，既有理论水平又有工作经验的科研人员十分紧缺，故人才的横向流动也非常频繁，从而导致整个行业的人员不稳定，流动性大。

5. 高收益高风险

科技型中小企业的运营过程通常伴随着高风险和高收益并存，在创立初期，企业主要以研发、购买设备为主，科学研发及产品试验所需要的时间较长，失败的风险性也很大。当然一旦产品能够投入生产，并获得市场认可，后续的盈利能力也会飞速增加。因此，科技型中小企业的盈利能力呈现出与普通企业不一样的"非线性"特征。

由于市场和客户的需求是瞬息万变的，科技型中小企业前期的研发所需时间长，在研发初期提出符合市场需求的想法，在经过了一段时间的科研攻关后，是否能继续符合市场的变化存在着很大的不确定性。因此，每年科技型中小企业的新入数量屡创新高，但淘汰率也居高不下，在我国，科技型中小企业的两年存活率为70%，五年的存活率更是低至40%，其五年存活率即使在西方发达国家也仅为50%。

（三）科技型中小企业的融资特点及融资现状

科技型中小企业的发展对我国科技的进步有不可替代的作用，但是融资不足始终制约着科技型中小企业的发展。目前，科技型中小企业存在以下融资特点：融资时间紧、融资周期长、融资频率高、融资难。

1. 融资时间紧

为了适应科学技术日新月异的发展速度，科技型企业的研发也必须争分夺秒。由于科技型中小企业的科技项目都具有很强的时效性，对资金的需求也非常紧迫。早一步攻克技术"瓶颈"，早一步投产，就能早一步占得市场先机，领先的研发水平和投产的速度对于后续的市场推广都具有重要的意义。因而在企业发展的前期，科技型中小企业亟须资金进行项目攻关，对于融资时间的要求也非常高。一旦因为资金问题暂停研发脚步，技术人员即使有能力、有技术，也无法实现目标。同时，竞争对手就有可能先一步推出相似的产品，导致企业输在起跑线上。

2. 融资周期长

技术研究的开发周期比传统的制造行业要长很多，因而科技型中小企业对于资金需求的周期也比其他行业长。在技术攻关阶段，对于企业的现金流而言，都是"只出不进"的状态，往往需要几年的资金投入，才能看到产出。目前，除了风险投资给予企业的还款周期较长，商业银行对于中小企业的授信周期一般都是一年，到期后需要先行还款，在根据企业的发展情况重新评估后，再续做第二年的授信。对于企业而言，这个过程的不确定因素非常大，首先是企业对于研发周期无法准确预估，其次是企业对于银行重新评估后是否愿意继续授信也是不确定的。较长的资金需求周期也制约了企业的融资渠道。

3. 融资频率高

一般而言，科技型中小企业对于融资的频率要求比一般的企业要高得多，往往需要一年一次，甚至一年多次的资金支持来进行下一步的技术发展。主要原因是科技型中小企业所面临的资金需求，比起大企业动辄几亿元的资金需求，并不太高，资金的用途也主要是投入技术研发。但是由于技术攻关的不确定性，企业并不能准确预估技术水平发展的时间线，大多数企业只能"边走边看"，在遇到技术"瓶颈"或需要投产时，就需要融资来帮助发展。

4. 融资难

科技型中小企业融资需求急、融资频率高的要求，与其自身规模小、低资产的特点不相适应，导致其融资的成功率始终较低，融资通常很难。尽管近年来政府也通过完善相关的法律政策给予科技型中小企业一定的扶持，但政策的完整性不够、地方的执行力较差、相比规模庞大的企业数量仍然是杯水车薪。股权投资及风险投资对于科技型中小企业壁垒严重，民间融资的法律地位无法得到保障，银行贷款的硬性要求又相对较高。融资难问题自始至终没有得到妥善的解决，也严重制约了科技型中小企业的健康发展。

在我国，科技型中小企业的资金来源中，自筹、国家投资和银行贷款分别占83%、8%和9%左右，这充分体现了企业融资困难，依靠自有资金支撑的情况。科技型中小企业在起步初期，自有资金多来源于创业者个人资产。而由于以技术为主打，因而需要一定规模的资金进行新技术的研发、技术人员的招募、设备的采购以及不断的试验。这时，企业少量的自有资金不仅无法满足企业自身发展的需要，更难以应对随时可能降临的技术风险、财务风险以及市场风险。市场能否对科技型中小企业的产品给予积极的反馈是不确定的，而这些企业对于市场风险又是很难应对的，虽然抗风险能力差并不意味着企业技术性和经营性差，也不意味着企业无法获利，但这点对于投资者，极易造成信息的不对称，投资者无法获取有用的信息，对于此类企业无法给出恰当的判断，便会采取观望的措施，自然也不会给予资金支持。

三、科技型中小企业创新概述

（一）技术创新是科技型中小企业创新的本质特征

科技型中小企业创新在本书中被界定为科技型中小企业对生产要素、生产条件、生产组织进行重新组合，以建立效能更好、效率更高、费用更低的生产经营服务方法，从而推出新的产品、新的方法、开辟新的市场、获取新原料或半成品供给来源或新的服务，包括科技、组织、商业和金融等一系列活动的综合过程；是创新主体、创新要素交互复杂作用下的复杂涌现现象，是技术进步与应用创新的"双螺旋结构"共同演进的产物。

创新能力与科技型中小企业本身的特性密切相关。从企业生命周期来看，初创期企业比起成熟企业在组织运营管理上表现得更为灵活，当企业刚刚成立，管理架构尚能满足企业发展，做出调整的迫切度不高。在我国，改革开放福利浪潮中成长起来的科技型中小企业的独立性较高，不容易受到传统体制的影响，在进行企业创新时会将重点放在技术创新方面。科技型企业的成立发展主要是凭借创始人拥有的现金技术和创新产品，将拥有的技术和产品作为企业本身的资本进行外部融资，在我国目前的金融市场中包括风险投资或者是技术入股等，获得融资后就可以将产品批量生产，推动企业的商业化运作。因此，通过创新手段进行产品核心技术的改进对于科技型中小企业来说至关重要。

（二）科技型中小企业创新的特征

科技型中小企业技术创新特征具体表现为：

（1）与成熟的大企业相比，科技型中小企业在规模上相对较小，组织的结构比较简单，但是用于科技研发等方面的专业化水平较高，这些特点使企业在进行自主创新研发时更有效率，在进行市场竞争时更有优势，由于创新的广泛性使科技型企业所涉及的领域也比较广泛。

（2）科技型中小企业因其自身组织架构的灵活性，对于市场以及用户需求的变化可以快速地反应，整个组织可以较快地进行研发创新，为市场及用户提供更好的产品和服务。

（3）科技型中小企业在占有的科技资源、金融资源等各个方面并不具备优势，在进行创新研发时科技型中小企业通常会选择合作以及模仿的形式，在创新活动上表现出较强的外生性。

（4）创新是科技型中小企业在市场竞争中占据有利地位的重要砝码，所以科技型企业将研发以及创新等活动看成自身增强竞争力的武器，科技型中小企业在研发创新活动中扮演了供应者及需求者两个角色。

（5）相比成熟大企业的研发创新，科技型中小企业的创新活动具有更高的效率，成为推动我国科研事业发展和国家科技创新生主力军。据统计，我国65%的发明专利是由中小企业获得的，80%的新产品是由中小企业创造的。

（三）科技型中小企业创新的分类

科技型中小企业创新可以概括为五种类型，即技术创新、融资创新、产品创新、管理创新、组织创新和文化创新。

1. 科技型中小企业的技术创新

在科技型中小企业进行创新活动的过程中，技术创新是绝对的核心，科技型中小企业在推动我国"双创"的环境中扮演着关键的角色，科技型中小企业依靠技术创新将科技成果快速转化为现实生产力，实现企业的发展，因此，科技型中小企业迫切需要技术研发创新，以实现科技型中小企业的健康稳定发展。

2. 科技型中小企业的融资创新

科技型中小企业在科技进步和经济发展中起着拉动作用，而融资约束是制约科技型中小企业发展的一个突出问题。当前，企业自身的弱点、银行方面的不利因素、担保体制的不健全、民间借贷市场的混乱、风险投资的缺陷、法律制度的滞后都制约了科技型中小企业的融资能力。融资创新可以缓解融资约束，促进科技型中小企业的融资能力，也可以提高企业素质、强化政府扶持、建立规范的银行体系、完善法律制度等形式，可以实现科技型中小企业融资能力的创新。

3. 科技型中小企业的产品创新

产品创新是对于产品实体进行开发以及改进活动，在此过程中会涉及产品的技术特征、材质、构思、原理、性能、结构等某一方面或几方面，针对上述的各个方面，对于现有的产品进行改进与完善的活动也是产品创新。技术创新成果一般是在实验室里而非正常生产条件下获得的，其可转化的各种性质也仅仅是建立在预测而非现实工厂生产的基础之上的。因此，要把技术创新成果转化为生产力，还需经历产品创新过程。

4. 科技型中小企业的管理创新

科技型中小企业管理创新可以分为四种：一是按照企业的产品内部进行流转的所有流程划分，分为市场管理创新（包括市场需求、市场调研、市场预测和决策等内容）、研发管理创新、设计管理创新、生产管理创新和营销管理创新等；二是按企业的不同职能划分，分为计划管理创新、组织管理创新、对于管理创新的协调和控制等；三是按企业创新、文化、人才管理创新等；四是介于上述三者之间，这种划分更侧重于管理创新的空间条件，按照管理创新的可行性进行分类，主要划分为管理的思路、组织、方法、模式以及制度的创新。

5. 科技型中小企业的组织创新

组织创新可以促进科技型中小企业适应制度创新和技术创新要求，实现企业内生产要素的合理配置，形成新的目标认同体，从而对企业组织形式、组织结构、组织规模进行重构。组织创新涉及制度创新、产业组织创新和企业内组织创新三方面内容。如产业组织创新与企业内组织创新是制度创新要达到的两个具体目标，而且制度创新又制约和影响着这两种创新活动。可见，企业组织创新和制度创新关系密切，但这并非意味着制度创新可以完全取代企业组织创新。这两种创新活动既是相互联系的，又有着本质的区别。

6. 科技型中小企业的文化创新

文化创新包含着企业精神、企业灵魂、企业价值观、企业经营思想、企业管理哲学、企业行为规范与准则，又为企业文化共同体成员所接纳，形成一种群体意识，成为企业文化共同体的共同信仰、共同追求、共同约束和统一准则。企业文化通过在全体员工内心建立统一的核心价值观念来对员工的基本思维模式和行为模式进行约束，从另一个角度来讲，企业文化就是一种潜在的影响，企业员工对于它的存在习以为常，对于违背它的事情会产生不舒服的感觉，并且本能地按照企业文化进行思考和采取行动，企业文化在员工中具有相对的保持性和延缓性。对于一个具备强大竞争力的优秀企业来讲，企业文化应该能够促进员工的奋斗从而确保企业在市场上的竞争力和营利性，同时企业文化作为员工普遍认可的价值观念和使命感能够在一定程度上推动企业组织的变革和发展。

四、科技金融概述

（一）科技金融的概念及构成要素

1. 科技金融的概念

科技金融是我国本土的产物，从 20 世纪 80 年代起，已经存在并发展了 30 多年。其概念在理论上尚未被严格界定，根据赵昌文的《科技金融》中对科技金融进行的概念界定，科技金融（Science & Technology Finance，Sci‐Tech Finance）是促进科技开发、成果转化和高新技术产业发展的一系列金融工具、金融制度、金融政策与金融服务的系统性、创新性安排，是由向科学与技术创新活动提供融资资源的政府、企业、市场、社会中介机构等各种主体及其在科技创新融资过程中的行为活动共同组成的一个提供金融服务的体系，是国家科技创新体系和金融体系的重要组成部分。本书结合赵玲等（2018）的观点，充分凸显科技金融对科技型中小企业的重要内涵，将科技金融界定为一个为科技型中小企业提供金融服务的体系，由一系列金融工具、金融制度、金融政策与金融服务的系统性、创新性安排综合而成。

2. 科技金融的组成要素

科技金融的组成要素有两大类，即科技金融形式和科技金融主体。科技金融形式是指科技资源与金融资源结合的形式，主要有两种：一是政府的科技投入，包括出资建立基金或者政府建立母基金吸引民间资本投入科技企业，除此之外，也表现为政策法规、科技金融服务中心等形式；二是拓宽的融资渠道，主要有多层次资本市场、为科技企业提供信贷以及保险服务、为科技型创业企业提供风险投资等。而随着互联网金融的兴起，P2P 网贷、大数据金融等新的融资方式的出现促进了科技金融的发展。科技金融主体是指与科技金融所涉及的相关部门，包括政府部门、供给方、需求方和相关的中介机构，各部门具体如下：

（1）政府。政府是科技金融体系中的一股重要力量，一方面科技金融发展离不开其有效的政策支持，另一方面政府与其他主体存在服务与合作的关系。所以，政府起引导和服务的作用，为科技金融发展提供完善的政策，主要负责科技金融顶层设计、政策制定和市场的引导和调控，通过金融系统引导社会资源向创新领域流动和集中，从而更好地促进创新型国家建设；在此过程中，财政资金责无旁贷成为创新金融资本投入的重要力量。

（2）科技金融需求方。科技金融的相关需求方主要指科技金融体系中金融资源的受益方，包括高新技术企业、高校研究所等科技研发机构以及个人，其中，高新技术企业特别是融资约束较大的科技型中小企业是科技金融的主要需求方。在国内，科技型企业所涉及的技术领域主要有：电子与信息技术、制药与生物医学工程、新材料、资源利用与环境保护、高新技术服务业、航空航天、海洋保护与开发以及核技术的开发应用。高新技术企业处于不同的生命周期对融资的需求会有所不同，在方式上也会呈现出偏好。例如，处于种子期、初创期以及扩张期的科技企业由于各方面发展不成熟，获取创业风险管理的支持更为有效；而处于扩张器或者成熟期的企业，它们更多偏好于资本市场的支持。科技企业对于科技金融的需求主要表现在企业融资、风险分散及管理、科技金融的服务功能等。

（3）科技金融供给方。银行业、证券市场、担保机构、创业风险投资以及民间资本方主要作为服务于需求方的供给方。供给方的主要作用体现在提供资金、为需求方提供风险分散及管理服务、激励市场的积极运行以及其他各类科技金融相关服务。现阶段，由于起步晚、发展缓慢，我国资本市场相比较而言仍旧不够完善，科技金融的服务渠道单一，在我国，银行仍旧是科技企业进行融资的第一选择，主要体现在两个方面：一方面，银行为企业提供资金，同时监督约束企业运营，银行的介入也会对企业财务体系和制度的完善起到促进作用；另一方面，银行作为我国金融市场的核心，连接各金融主体，关系网强大，企业背靠银行，能够更好地谋得自身的发展。

不同的科技金融供给方在整个体系中处于不同的位置，提供的供给服务自然也会不同。比如供给资金，财政科技投入所提供的是无偿资金，而创业风险投资供给的资金一般为权益性资金，科技贷款机构为科技企业提供的资金自然是债券型投资。在我国探索建立科技金融体系的过程中，涌现出一批"科技银行"，如四川省分行高新区科技支行、成都银行科技支行与北京中关村科技支行，科技银行作为科技金融体系建设过程中重要的主体，推动了科技与金融的深度融合。各地区在探索建设区域型科技金融体系时，应该积极吸收借鉴优秀经验，建立完善科技银行同时推动科技信贷的投入力度，在此基础上强化金融市场的创新力度，在产品以及服务方式进行创新，更好地提高科技金融的效率。对科技金融供给方而言，科技企业的资质也是很重要的一个方面，达不到供给方所制定标准的科技企业，往往会面临更为严峻的融资问题。

（4）科技金融中介服务机构。科技金融体系中的中介服务机构，指的是将科技金融的供给方与需求方连接起来的机构，包括营利性的机构，如科技担保机构、信用评级机构、资产评估机构以及提供财务、法律等方面服务的机构等，非营利性机构包括政府相关机构以及行业的协会。中介机构提供的服务不涉及资金，在科技金融体系运作的过程中，中介机构发挥自身的优势能够使科技金融的供给方与需求方实现顺利对接。例如，为科技型企业贷款提供担保服务的担保机构，科技担保机构在实际运作时包括两种基本类型：政府直接操作及市场公开操作。而中介机构中的会计事务所等，可以帮助科技企业尤其是科技型中小企业完善自身的财务系统，在进行融资时能够使供给方获得更全面的资料，节省时间成本。科技金融担保市场的基本运作主要是金融机构为一些科技型企业的融资提供担保。一些科技担保机构也会使用自有资金为科技型企业提供权益性资金，如股权投资。中关村科技担保就是在政府政策的指引下健康发展，实现了持续的商业化，该政策的制定和实施主要侧重于科技型中小微企业方面，通过促进融资渠道的多元化，分散科技型企业的风险的同时对科技贷款的风险进行补偿，一箭双雕。

（二）科技金融的演化动力

1. 科技金融供给方追求高效益

科技企业的创新活动因为具有高度的不确定性，相关机构在进行投资时的风险相对比较高，但是不可否认的是高风险背后隐藏着高收益。科技创新的成功带来的收益往往对于金融市场大的供给方具有巨大的诱惑，但是可能血本无归的高风险也使相关机构在进行投资时变得异常谨慎。科技金融体系下的风险投资机构、天使投资以及科技资本市场的投资者拥有追逐利益的本性，通过对科技企业进行评估分析，以股权投资的方式对科技企业进行投资，承担风险的同时也分享着企业创新成功的高收益。在科技金融体系下，商业银行会得到风险补偿等相关政策支持，但是商业银行的经营原则相对比较保守，在进行投资时会偏向于选择更为安全的债券投资方式，这无疑限制了商业银行参与创新活动所获收益的规模，长此以往，商业银行参与企业创新的积极性自然会下降。创新投资方式或分散投资风险或许可以缓解这种局面。若能够将科技金融供给方与企业的创新活动之间的良性循环建立起来，那么科技金融体系的相关主体方都能在体系中得到迅速发展。

2. 政府相关政策推动

科技金融供给方能否获得投资利润将直接影响到其是否能够持续地为科

技金融需求方服务，同时，金融市场的失灵会造成科技金融体系中的资源配置失效。从我国科技创新状况来看，整体创新水平有所提升，但创新能力不足，企业与金融机构往往存在信息沟通不畅的情况。以上问题的存在会影响科技金融体系的顺利运作。我国的经济体制以及当前金融市场的现状都决定了政府在科技金融体系中的重要作用。政府要充分发挥"有形的手"的作用，对科技金融的各主体方以及运作方式进行调节控制，例如，通过补贴优惠等政策加强对科技金融供给方的扶持力度，鼓励其将资金投入科技型企业中，还可以通过完善法律法规切实保护科技金融体系相关各主体方的利益，推动科技金融体系持续健康发展。

3. 科技保险和科技担保机构的介入

由于科技型中小企业规模的限制，它们在资金资源方面面临的缺口比较大，在市场竞争经验等方面也略显不足，科技金融的供给方出于规避风险的本能，在资金投入方面会更加谨慎。科技担保和科技保险等机构的服务介入对于这一问题的解决具有重要意义。科技担保机构通过收取保费来提供担保服务，同时可以要求被担保企业提供知识产权等反担保来降低自身所承担的风险，在实际操作中，科技担保企业也可以通过其他方式分享企业创新成功的高效益，如"担保换期权"。商业银行对科技企业的资金供给往往会因为高风险的存在受到各种制约限制，而科技担保机构介入这一过程，可以分散银行所承担的风险，银行摆脱高风险的制约后，对于高收益的投资项目的贷款意愿会大幅度提升。科技保险公司则会根据科技型企业风险产生的各个环节来设计险种，如研发、生产、销售等环节。保险机构通过给付保险金，降低企业在创新失败时所面临的风险，同时也降低了科技金融供给方的投资风险。由此，科技担保以及科技保险机构等风险分散主体通过对科技金融供给方提供保障降低各主体方所面临的风险，对于科技金融体系发展具有重要的推动作用。

（三）科技金融的模式

1. 政府主导型模式

政府作为科技金融体系中不可或缺的主体，对科技企业进行融资扶持是其职能的一个重要方面，同时需要注意的是政府对于投资风险的分散也是其职能最充分的体现与利用。政府主导型的科技金融体系模式最典型性的，代表国家有韩国、以色列和中国等，这些国家无一例外都是科技金融起步比较晚，但是政府高度重视，整体体系正处在赶超阶段或者发展早期。具体表现为特定行业的政府主导型科技金融模式，主要是国防和涉及国家安全且需要大量资金的行业特定区域的政府主导型科技金融模式，在科技金融资源有限的情况下，市场主导型科技金融模式一般不会投向落后地区，而政府为了缩小地区间差距，可能在这部分区域内采用特定阶段的政府主导型科技金融模式，主要是指某一国家或地区实施特定战略时所处的特定阶段。特定科技活动主要是基础研究的政府主导型科技金融模式。

2. 资本主导型模式

资本主导型模式具体表现在资本对科技金融体系的作用，主要包括创业风险市场、债券市场和股票市场，主要为：资本市场在我国发展比较快，且各种资源流动速度比较快，在科技金融体系下，创业风险投资的发展环境优良且得到了迅速的发展。欧美国家大多采用资本主导模式，如英国和美国。以美国为例，美国的市场化尤其显著，科技金融体系的建设发展较为完善，在此背景下，美国的资本市场对于企业的支持力度相对较大，能够在企业不同阶段提供不同的融资服务，风险投资市场的完善以及多层次资本市场的发展对于美国科技金融体系的发展起到了积极的促进作用。资本市场主导型科技金融模式具有以下优点：一是资本市场融资虽然成本较高，但风险较小，适合快速发展、融资需求较大的高新技术企业，并能降低其财务风险；二是资本市场的投资在对科技企业进行投资时往往属于股权投资，股权投资就意味着承担企业经营高风险的同时享受企业经营的高收益，符合资本市场运作的一般规律；三是资本市场凭借其高度的市场化、资金的流动性强、投资者会采用多种方式承担风险，信息沟通不畅的情况比较少等特点使其识别与分散风险时具有较强的能力。

3. 银行主导型模式

银行主导型模式表现在银行在推动科技金融体系发展中的重要作用，强调了银行与科技企业结合的紧密，银行机构作为企业主要的融资对象，是企业融资最主要的来源，其融资渠道并非金融市场，而是银行本身。在融资过程中，银行机构往往直接参与企业的管理，或者占有企业的一部分股份。但是高新技术企业具有高风险性，银行机构在企业贷款的初期，并不能获得收益，而且要承担相应的风险，随着在企业股份的增加，银行的运营风险就会随之增加，这是单一银行主导模式的重要缺陷。日本和德国是采用银行主导模式的典型国家。这种模式的特点是：一是企业融资时主要依赖于银行，间接融资在企业融资中占主导地位；二是银行对企业的资金支持也会采取股权融资的方式，银行会通过提供资金的方式持有企业的股份以此介入企业的管理治理，银行和企业的关系紧密。银行主导型科技金融模式对于其他模式来讲存在一些缺陷。例如，高新技术企业不同的生命周期的融资需求存在较大差异，风险在各生命阶段也存在不均衡的状态，在企业生命周期的早期，银行在对企业金融资金供给时面临的风险更大，因为银行无法享受到企业成长的收益，承担高风险的同时享受不到企业所带来的高收益。稳健经营是银行在进行日常运营时的一个目标。基于稳健经营的目标，银行的风险偏好比较低。银行若是想要在这一阶段分享企业的收益，那么就需要承担更多的风险，对于银行来说，这种做法不符合其经营的一贯原则，银行系统会出现不稳定的因素。

4. 社会主导型模式

社会主导型模式主要表现在社会关系网络对科技金融体系中的资源与活动进行配置，这一机制的基础是社会关系网络，这限制了这一模式在实践活动中的大范围使用。社会主导型模式与政府主导型模式恰恰相反，是社会机制对科技金融融资支持起主要作用。在这种模式中，企业的融资渠道及融资形式都十分宽泛，其中自我融资和非正式融资是融资的主要模式。在社会主导型模式对融资资源的有效配置中，一般融资的投资对象以中小型企业为主，而且由于其过于广泛，规范管理比较困难，故而不适合用于较大的国家和地区。目前，中国香港、中国台湾地区是采取社会主导型模式的典范。

5. 我国各地区科技金融发展模式

（1）北京中关村科技金融发展模式。作为我国的第一个国家级高新技术园区，经过十几年的努力，北京中关村基本建成了"一个基础、六项机制、十条渠道"的现代科技金融体系。一个基础是指信用体系建设，中关村在实施企业信用培育工程方面实现了六个方面的创新，涵盖信用工作组织体系、信用制度、信用服务产品、信用服务机构、信用信息系统和信用激励机制。

（2）上海科技金融发展模式。上海的科技金融发展基础比较好，且一直走在全国前列，其成就主要突出表现在金融产品和政策方面。典型的科技金融产品包括科技小巨人工程专项资金、小巨人信用贷款和"3＋X"科技信贷产品。科技小巨人工程的特征是创新型、示范性和规模性，在一定基础上找到具有自主知识产权的创新企业，在资金、平台、人才、项目和政策上进行选择性和全方位的扶持。为了让科技小巨人更好地发挥作用以及增加科技企业的竞争力，上海市科技创业中心又开发了"小巨人信用贷款"，该项创新科技金融产品给相匹配的科技型企业提供了信用贷款支持。"3＋X"信贷产品包括"微贷通""履约贷"和"信用贷"，而 X 表示专门化和区域化的产品。

（3）苏州科技金融发展模式。苏州市科技金融政策体系相对来说较为完善，因此投融资环境也较好。苏州市重视科技金融服务平台的建设，目前已成功建设三大创投服务平台，还积极搭建网上科技金融超市，成立了科技金融服务中心，有效整合了各大金融机构的业务，开通了江苏省首家面向中小企业的"网上科技金融超市"。此外，苏州市还通过出台专项政策、设立引导基金等，大力推动科技金融产品创新，并积极探索投贷联动新模式。

（4）杭州科技金融发展模式。作为国家首批科技金融试点城市之一，杭州市的科技金融发展迅速，且在许多方面已经走在了全国前列，特别是其在科技支行方面。杭州银行所成立的科技支行已经形成了自己的专营模式，其对科技企业提供的贷款达到全省 19 家科技支行的 30%，在浙江省科技金融专营机构中表现突出。杭州银行科技支行的贷款投向主要集中在战略新兴产业，包括电子信息技术、文化创意、新能源与节能、新材料和生物医药等，且扶持的中小科技企业有较高的成长性。杭州银行科技支行的专营模式具有五大特点，分别是实施"五个单独"的科技信贷政策；推出"四大特色"的风险管理模式；建设"四位一体"的科技金融服务平台；建立银行和投资联、结盟体系及对于四种产品服务模式进行创新。

（四）科技金融的特征与作用

1. 科技金融的特征

（1）金融创新主动服务于科技创新。科技资源与金融资源并不是从一开始就能够结合紧密形成科技金融这一产物，在科技与金融的早期，两者之间只是简单的配合，得益于双向的有益发展，发展到密切结合乃至深度融合。当金融资源不再是卖方市场的卖方而是主动融入科技创新的链条时，才真正标志着科技金融的产生。因此，我们可以梳理出科技金融与传统金融之间的不同点，传统金融并不主动介入科技企业创新，它们更像是卖方市场，以自身的营利性和安全性为目标，主导资金的配置流动，提供固定的产品，盈利方式单一，盈利规模较小；而科技金融则是以科技企业的需求拉动整个市场的资源配置，科技企业的创新和产业化才是整个体系的核心目标。

（2）科技金融是金融系统的子系统。旨在推动科技发展的科技金融，是促进相关产业发展的金融，具备自身的特点。科技发展具有阶段性，每个阶段在风险以及资金需求等方面表现不同，科技金融针对需求所提供的服务自然也会存在差异。在科技金融系统中，科技应用性研究具有明显的包容性，独立的金融体系在没有外部力量帮助的情况下，出于规避风险的本能，在对科技企业进行资金投入时会采取选择性的方式，政府的积极介入可以使整个体系资金顺利流通，在理想的情况下财政资金的投入将成为金融市场的风向标，各种风险投资也会紧随其后进入；当科技发展进入商品化以及产业化的阶段时，科技创新的价值会在市场的运作中逐渐显现，市场资金会被吸引而来，参与增多。因而，科技金融体系想要顺利运行，行政性调控手段与市场化的参与缺一不可，两者互相配合才是科技金融体系的核心，为确保科技与资金的高效结合，构建有利于相关主体生存的环境至关重要。

（3）公共财政与商业金融有效地结合。鉴于科技创新明显的公共产品属性，突出财政支持的积极作用早已成为理论共识，但是如何提高公共财政资源的使用效率，却是经济运行实践长期的难题。将第一生产力与第一推动力进行有效的结合推动两者的耦合发展是科技金融的内在目标，在整合财政资源与金融资源时将金融创新的思维应用其中，提供了解决问题的新视角。把财政拨付与金融机构或金融市场有效联系起来，为科技企业从融资问题到将科技成果商业化、市场化提供整体解决方案，既提供了实现科技创新与科技资产财富化的新途径，又通过科技金融的特殊制度安排提升了公共财政的支出效率。

2. 科技金融的作用

（1）科技金融助力创新驱动战略。科技金融作为国民经济发展的重要举措，极大地推动了我国的科技创新。目前，通过构建科技金融体系促进科技进步与发展，已经成为实现国民经济快速发展的重要命题。科技创新和金融创新相结合，是提升科技创新水平和深化金融改革的必要选择，也是优化国家创新体系，培育自主创新能力的重要支撑。《国家中长期科学和技术发展规划纲要（2006—2020 年)》提出要进一步支持自主创新，利用全社会的金融资源，推进创新性国家建设。《国家"十三五"科学和技术发展规划》中也明确提出了科技金融概念，并提出接下来的重点工作是以金融作为支撑科技创新的重要力量。党的十九大报告中明确指出："深化金融体制改革，加强金融服务实体经济的实力，增加直接融资比例，促进多层次资本市场健康发展。"很明显，科技金融是创新驱动战略必不可少的"助推器"。

（2）科技金融助力产业转型升级。科学技术作为促进生产发展第一生产力，从现代经济的发展和特点来讲，金融无疑是核心，科技创新的发展是产业革命兴起的原动力，而金融创新则是产业革命成功的重要力量。科技创新是我国完成产业转型的重要动力，政府在推动科技金融发展中需要发挥强有力的引导作用。想要实现发展方式的转变从而推动整个产业链的升级必须充分发挥科技和金融的引擎作用。高端的现代产业社会形态总会伴随复杂的生产组织管理形式，在发展的过程中就会越发依赖于科技进步以及金融服务。随着科技的迅速发展，产业的转型升级速度加快，产业面临的被替代风险会加剧，周期也会缩短，企业面临的竞争压力将会成几何倍数增加，企业想要在激烈的竞争中生存下来就会致力于进行科技创新，在创新过程中的融资需求也会越发紧迫。科技创新创业的活跃程度，金融支持的强度，战略性新兴产业、现代科技服务产业、先导性产业的健康培育成长都决定产业转型和结构的调整是否成功。因此，在促进产业转型和结构调整的过程中，科技金融作为重要的手段举措必须引起高度的重视。

（3）科技金融助力科技型企业走出金融困境。在现代经济中，科技与金融之间存在着十分重要的相互依存关系，科技进步促进金融创新，金融发展支持科技力量壮大。这就意味着，想要推动科技型企业的发展，需要发挥金融的重要作用，实现科技与金融的有力结合。科技金融的重要功能之一是识别科技资源的潜在价值和风险，通过财税、金融等工具的组合运用于创新，将科技资源与金融资源进行有效整合对接。科技金融的出现，为难以达到传统金融机构服务门槛的科技型企业提供了融资机会和发展机遇，有利于科技型中小企业成果转化。金融创新科技有效推进高新技术产业的发展，在实现金融业相关主体收益最大化的过程中也离不开金融创新。科技创新的发展离不开金融创新的支撑，科技创新又作为金融创新发展的基础不可或缺。特别是创新型经济的高级形态就是科技金融，不仅表现为高速发展的科技金融服务业，同时也表现为科技金融生态的完善。科技金融的发展能够分别说明产业发展、金融发展及产业结构与金融体系的适应性。

五、科技金融的理论发展

科技金融是金融与科技两个产业的相互融合，两者的关系并不是简单相加，而是两个不同产业与领域之间协同发展，科技产业的创新发展需要金融产业的推动，而金融产业的持续发展则需要科技产业的支撑。科技金融的相关研究理论是支持科技发展的重要基础，对构建科技金融制度有重大意义。

（一）西方相关理论沿革

熊彼特在 1912 年就研究分析技术创新与金融资本之间相互影响的关系，并认为为企业家创造购买力是信用的实质，创造出的购买力若想实现自身的价值只有贷给企业家这条途径，所以得出结论：资本是一种支付工具，该工具在新组合中能够起到独特的作用。这种新的关系理论并未引起学术界的广泛关注。之后，Mckinnon（1973）和 Shaw（1973）的研究发现，想要促进金融的深化可以通过恰当的改革来实现，将金融的深化与经济的发展联系起来，形成双向促进的良性关系。其认为，全要素生产率的提高是经济能够持续健康发展的关键原因，而全要素生产率的提高依赖于技术创新。因此，金融促进技术创新是金融发展理论与技术创新相关的一个推论。

从 20 世纪末期到 21 世纪初期，各国专家学者才开始对科技与金融的关系进行深入分析：King 和 Levine（1993）收集跨国数据构建金融发展的内生增长模型，并进行实证分析，在研究中发现，金融通过提高储蓄率对于技术创新起到促进作用，金融与技术创新的相互促进可以加快资本的积累以及促进经济的高速发展。相关学者通过将 18 世纪以来的五次技术革命以及五次长周期经济增长的实例进行归纳研究，横向对比总结后发现，技术创造与技术创新在每次经济范式的转换过程中都扮演了导火索的角色，所以科技金融的演化发展存在于经济发展和社会进步过程中是毋庸置疑的。虽然学者对科技与金融的相关性进行了充分研究，但仍未形成独立完整的科技金融概念范畴。经济学家 Perez（2003）所提出的技术创新与金融资本的关系是当前研究中受到公认的科技金融的主要理论基础，他在技术、制度及经济变化的关系及相关运行机制的研究中应用了"技术—经济范式"，首次揭示了技术创新与金融资本的基本范式——"新技术崛起—经济动荡和不确定—风险资本家投资新技术领域—金融资本与技术创新高度耦合—技术创新繁荣和金融资本爆发式增长"。综合而言，西方理论界一直没有"科技金融"的概念，在全面恢复熊彼特创新理论后，剖开新熊彼特主义宏观经济学，可以说它的核心是科技金融。

（二）我国特殊国情下的相关理论

中国这类经济大国结构变迁的特殊问题，单纯依靠西方传统的经济增长理论和金融发展理论，已无法解决。中国经济总量、金融总量和产业类型丰富程度都居世界前列，金融市场和各种要素却不健全，增长模式虽有发展中国家的特点，突出国家政策及投资的作用，科技实力虽发展迅猛却仍处于全球制造业第三梯队，但在经济总量上又呈现出发达国家的特点。以总量和边际分析为主的传统宏观经济学并不能解释中国现象，而且其他国家表现出的宏观金融发展指标与科技创新的相关性，很难用来解释我国金融与科技的国际地位不对等现象，迫切需要创新科技金融理论。

从文献来看，我国学者对科技金融的定义是 2009 年赵昌文教授在《金融科技》中所概括的金融科技，这是国内专家学者首次对"科技金融"一词进行了完整的定义，其认为金融科技是科技产业进行融资与创新过程中所进行的一系列活动所形成的一个整体和体系。他明确提出了服务科技的金融体系的构成，被称为科技金融的"工具派"。房汉廷（2010）将科技金融称为一种创新活动与技术相结合的新经济模式的动力，被称为科技金融的"本质派"。之后，相关的专家学者也开始从各自的角度对科技金融进行了定义。归纳起来，科技金融既能够作为金融资源配置服务将自身的力量贡献于促进科技创新的发展，同时也是使金融与科技发展相融合的各种举措。

结合我国科技金融的实践，也能够看出科技金融的理论发展过程。自1985 年我国审批发放第一笔有关科技创新的贷款开始，科技金融体系的发展就已经向着多元化、全面化以及多视角的方向前进，在科技金融体系中，科技支行、科技保险、风险投资、多层次资本市场构成了我国科技金融体系的多方渠道。在最初的科技创新实践活动，也就是说金融支持科技发展的过程中衍生出的三个问题即资本供给与需求矛盾、投资收益与投资风险相互匹配问题、市场和政府两大主体的运行机制协调配合问题，引出了现在的科技金融研究，而这三个问题的研究为科技金融"工具论"内涵提供了理论来源。在学术界对以上三个理论问题研究的过程中，也逐渐形成了金融、科技与产业三者协同发展的"范式论"。

"工具论"和"范式论"，这"两论"辩证统一于创新驱动发展依赖于科技金融支持的实践中。但是从长期和短期来看，它们对于科技金融实践所支持的侧重点有所不同：从长期来看，"范式论"侧重于把握国家宏观战略，能够作为国家进行经济、金融、科技等、多部门多领域的体制机制改革创新时的参考理论基础，其有助于更深层次把握金融、经济、技术相互融合领域的内在的演化规律和机制；从短期来看，"工具论"更能够对实施层面的科技金融支持创新驱动发展进行具体指导，科技金融政策、模式、服务，产品的设计和优化，都能够助力解决科技型企业在进行科技创新等过程中所面临的融资约束问题，同时促进科技研发创新以及成果转化乃至产业化的过程，与此同时，高新技术产业和新兴产业的发展也有赖于科技金融的作用。

六、科技金融的实践发展

科技金融是由我国的科技和金融的运行机制、经济体制和创新体制三者相互作用所产生的新领域，因此也可以说科技金融是具有独特中国特色的领域。实际上，科技金融在我国计划经济体制中就有所体现，从1978年我国计划经济改革到计划经济改革，再到如今的科技创新大跨度发展的 21 世纪，科技金融一直保持着可持续性发展态势。

（一）计划经济改革中的科技与金融（1978~1991 年）

计划经济改革时期是我国科技金融的萌芽阶段。党的十一届三中全会在 1978 年召开，这次会议是我国进入改革开放时期的重要转折点，至此科学技术的发展开始得到了极大的重视。同年召开的全国性的科学技术大会上，邓小平同志指出"科学技术是生产力"，为我国开启了通往 21 世纪的科技大门。1985 年 3 月 13 日，我国政府颁布了《关于科学技术体制改革的决定》，文件强调科学技术、科学技术工作必须以经济建设为服务对象、经济建设必须牢牢依靠科学技术，在对科学技术体质进行改革时必须要以科学技术发展的规律为基础、以我国的实际情况为基础。同年 10 月，国务院科技领导小组办公室联合中国人民银行，颁布了《关于积极开展科技信贷的联合通知》。改革开放初期，我国政府、企业与科研机构都将发展重心转移到了对科学技术的提升上，并明确了知识分子是工人阶级的重要组成部分。知识分子是解放生产力的基本条件之一，也是日后科学技术发展的有力支撑。我国在科学技术方面，首先成立了国家科学技术委员会，作为政府的代表，全国的科研工作都由委员会进行统一领导，我国政府为支持科学技术的发展，又陆续颁布了一系列规划、意见与政策条例，是我国科技发展良好的开端。在金融方面，政府建立了相关的宏观调控体系，为加快企业科学技术发展速度搭建了新型金融体系，进一步开放与活跃了我国金融市场。这一时期，科技金融发展的重点是科技信贷市场，其中占据主要地位的信贷形式为科技贷款。20 世纪 80 年代，我国的经济还处在粗放经营阶段，企业技术相对短缺，尚未完全摆脱通过外延扩大投资以提高生产的能力。约 90% 的科技成果由于缺乏资金支持而无法直接转化和推广到实际应用中去。虽然我国政府已经开始重视科技工作，但科技经费十分有限，相比当时科技支出排名世界第一的美国（约800亿美元），我国的科技支出仅为80亿美元左右。所以，中国要发展科技必须建立科技与金融相结合的发展模式，以改善我国科技在资金方面不足的状况。同时，科技金融的结合作为技术市场赖以生存和发展的重要生态条件，在21世纪末期我国逐步放开和搞活金融市场的情况下，也更加需要建立起符合我国特点的科技金融市场。在10年间，我国五大国有银行不断加大科技贷款规模，累计发放700多亿元，并支持了科技开发项目近7亿个，同方、远大、华为、海尔、联想等成功企业的产业规模化与技术资本化都依靠着科技贷款。

1984年以来，中国工商银行在考察和总结各地试办科技贷款工作的基础上，在金融领域开办了科技贷款业务，使金融界与科技界进行了首次跨界融合。20世纪90年代初，中国人民银行在国家信贷计划中增设了科技贷款科目，并安排了15亿元的科技贷款，这是我国科技与金融相结合的一个重大的突破。

改革开放中后期，我国的金融市场得到了快速发展，形成了具有中国特色社会主义的金融体系，将国有四大银行（工农中建）作为一个载体，将中国人民银行确定为中央银行，其他金融机构与银行并存分工合作，该金融体系具有多层次、多功能等优点，此时金融体系从萌芽期逐步转变为探索时期。

我国自1978年开始实施改革开放，政府也在逐步落实相关政策，我国的经济建设、科学技术与金融体系都保持着较快的发展速度，然而，我国经济发展的主要动力是国内资源与劳动力的低成本，这种粗放型的经济增长模式主要依靠投入大量生产要素与劳动力，虽然这种模式使我国经济得到了大幅度增长，但过量的消耗使我国经济效益持续低下，终将导致我国经济停滞发展。这一阶段，我国科技与金融的结合还不够充分与完善，其主要是以政策驱动为导向，并较多地体现在金融对科技的支持方面，但科技对金融的作用还未凸显。因此，《关于科学技术体制改革的决定》的颁布，引领我国科技与金融发展进入新阶段。

（二）经济体制改革中的科技与金融（1992~2005 年）

经济体制改革时期是我国科技金融的探索阶段。1992 年邓小平同志发表"南方谈话"后，同年召开党的第十四次代表大会，此次会议将社会主义市场经济体系的建设确立为我国经济体制改革的目标。同年 12 月 16~18 日，中国科技金融促进协会暨第一届理事会在广东召开。促进会高度重视推动科技金融理论研究，全力发挥好科技金融全国性学会作用，举办各类学术论坛讲座，组织学者专家研讨，并以多种形式推荐发表和出版优秀研究成果，为科技金融实践提供强有力的理论支撑。1993 年 12 月，政府颁布《关于金融体制改革的决定》，将我国的科技与金融的结合推向了体制改革的新时期。

经济体制改革初期，政府将中国人民银行的职能进行了改变，并对我国的一些国家专业银行进行体制改革，改革后的国家专业银行转变为国有商业银行，同时组织建立了我国的几大政策性银行以及相对的各城乡合作银行，我国政府也对外汇体制、货币政策体系与利率体系进行了一系列改革。紧接着，政府对科技金融领域的融资、投资模式进行了改革，政府提供了专门的财政贷款补贴，其他金融部门在科学技术信贷业务的开展上进行了初步的探索，也取得了一定成绩与进展。

中国人民银行从 20 世纪 90 年代开始就在国家信贷综合计划中增设了科技开发贷款项目，主要用于支持国家级科技开发计划和地方各级科技计划的成果转化，截至 1995 年，五大国有银行在科技贷款方面的规模不断扩大达到近 650 亿元，在支持的科技开发项目的数量方面达到 65000 多个。该阶段，除国有银行发挥主渠道作用外，一批组织形式多样、资本来源多元的非银行科技金融机构也相继成立了。截至 1996 年，中国工商银行等五大国有银行在发放科技贷款方面作用巨大，累计发放额达 700 多亿元，近 7 万个科技开发项目得到了相关的资金支持。1993 年国家颁布《中华人民共和国科学技术进步法》，在 1996 年国家紧接着颁布了《中华人民共和国促进科技成果转化法》，对科技金融融合过程中的实践问题进行了法律层面的保护。

在 1997 年与 2003 年，国家先后以捆绑式的形式发行了两期的国家高新区企业债券，与此同时，国家开发银行的机构开始发力，对创业投资机构发放贷款并且研究高新区建设的融资问题，这一举措有力地推动了区内企业技术创新的发展与高新技术产业开发区的建设。1999 年，国家针对科技型中小企业设立了创新基金，国家在科技创新方面的有关政策开始发生了变化，从以技术作为科技创新的重点转向将技术资本化，推动了产业化的形成与科技成果转化效率。1999 年，国家在推动建设风险投资方面出台了有关政策，促进了创新型、科技型中小企业发展，使国内风险投资产业得到了迅速发展。

经济体制改革中后期，我国市场经济中的科技金融创新开始飞速发展。随着《中共中央关于建立社会主义市场经济体制若干问题的决定》的颁布，中国正式确立了社会主义市场经济体制，并打破了改革的"天花板"，开启了我国经济体制的全面改革。改革的主要内容包括"分税制度改革""股权分置改革""国有企业改革"和"房地产市场改革"等一系列制度改革。此后，科技金融慢慢真正成为我国经济体制中的第一生产力。资本市场在科技金融中的重要性逐渐显现，成为这一时期的工作重点，在此背景下，主导形式也有所改变，开发性金融、创业投资和企业债券等形式开始发展壮大。

随着第四次工业革命的发展，以"互联网＋"为代表的信息技术为金融业的发展提供了有力支撑。一方面，信息技术极大地降低了金融业的运营成本，增强了自身的竞争力；另一方面，信息技术使金融运作减少了时间与空间上的限制，加快了信息的传递，实现了金融市场的全球化。正是科技的不断发展带来了金融业务以及金融运作方式的不断创新，才使金融机构能够提高经营效率，增加经营效益。从金融支持科技层面，我国科技方面的融资方式从单一的科技贷款，逐步发展到多层次的融资服务，主要包括银行信贷、资本市场和投融资等，同时，多元化发展也成为科技金融在进行实践探索模式时所表现出的重要特征，在多元化的发展过程中，科技金融体系促进了科技贷款、开发性金融和财政科技投入、企业债券等模式的发展。在此基础上，资本市场体系建设也取得了重要的进展，2004 年，中小企业板在深圳证券交易所正式成立，对于高科技企业与中小企业的创新发展具有重要的意义。与此同时，科技型企业孵化器也成为科技金融体系建设的重点，通过创业投资于孵化器企业之间的对接对科技成果产业化的过程提供更加强有力的支撑作用。

伴随着"互联网＋"的热潮，"互联网＋"趋势也不断深化，我国的科技金融创新也出现了新的演进趋势，企业家资本开发、创新资本聚合、技术资本化也为科技金融创新提供扎实的发展基础，面对这种新变化和新趋势，我国政府也相应地担当起了应有的责任。

从 1990 年国务院颁布《关于加强技术创新，发展高科技，实现产业化的决定》以来，多元化成为这一阶段我国进行科技金融探索与实践过程中的主要特征。财政科技投入与政策性层面的开发性金融、中小板市场和风险投资以及企业债券、科技贷款和信贷市场等，齐头并进，共同发展，有力地促进了经济和科技的发展。创业投融资机制开始逐步成型，使我国资本市场成为科技金融创新的有力支撑。我国学者也开始探索科技与金融的有机融合，我国高新技术产业的飞速发展，使新技术成果转化率不断提高。

（三）21 世纪以来科技与金融的结合（2006 年至今）

21 世纪以来，我国科技金融已经达到逐渐成熟阶段。2006 年，我国政府颁布了《国家中长期科学和技术发展规划纲要（2006 – 2020 年）》，其中提到了，在 2020 年，中国计划进入创新型国家行列当中。中央政府在科技政策、金融、财政与税收等方面都对我国科技金融的发展提供了大幅度的支持与关注，随后，全国各地开始出现了科技金融中心，融合了科学技术领域与金融领域，科技金融的相关理论研究成果不断涌现，其理论实践也随之进一步创新，科技金融到达了快速发展时期。

在相关各方认识到科技与金融融合的重要性之前，各类资源一直散布在投资及金融中介机构中。自 2006 年以来，相关部门认识到了科技与金融融合的重要性，将各类资源进行整合，在整合金融与科技资源的过程中，打造了区域金融服务平台，该平台的建设核心是科技金融服务中心，实现了金融资本助力科型中小企业的发展对接，力求为促进科技型中小企业的创新发展打牢基础，为科技型中小企业的创新发展注入动力，同时支持科技成果的转化过程，为企业的持续发展贡献力量。普遍认为，成立于 2008 年的四川省高新技术产业金融服务中心，是启动最早的服务中心，运行 5 年后，截至 2013 年末，进行科技有关服务而且以"科技金融服务中心"来命名的相关企业达到 30 多家。在政府的资金引导下，这些科技型金融服务中心有效地整合科技成果、科技项目等科技要素，以及股权投资、银行信贷资金、财政扶持基金等资金要素，创新金融工具和产品，面对科技型中小企业在不同发展阶段的不同需求，相关机构提供的咨询、评估、保险、担保与融资等服务极具个性化特征，这些机构还致力于为企业提供"一站式"服务，推动实现相关资源的整合利用与共享。

2009 年 5 月 21 日，银监会、科技部联合发布《关于进一步加大对科技型中小企业信贷支持的指导意见》，文件中明确提出探索建立新的科技金融融合模式，将科技部门与银行之间的融合创新模式探索作为此次任务。科技型中小企业在技术创新以及推动经济发展等方面具有重要的作用，科技型中小企业的发展，是推动我国调整产业的结构、促进产业升级、鼓励企业进行自主创新、推动国家的创新性、扩大内需同时增加就业、进而推动经济的平稳快速发展的重要举措。

2011 年，我国开展了第一批全国科技金融试点，推动科技金融进入了快速发展的新阶段。上海、深圳、北京以及江苏、广东等 16 个省市试点城市开始探索科技金融发展的新路径，工作成效显著，探索了创新财政投入的新方式。但是，科技金融试点的开展过程中也面临着诸多的问题与挑战，例如，在政府财政方面，资金没有形成市场化运作模式，仍然以补贴为主，各地发展仍然存在着不均衡等问题，还需要我国政府、企业与相关科研人员不断去总结与探索。

2012 年 11 月 8 日，党的十八大明确提出，近年来，面对不同的科技型中小企业以及企业的不同发展阶段的资金需求，我国科技金融市场体系不断创新服务方式与服务产品，逐渐形成具有自主特色的科技金融体系。同年，国家为了贯彻落实党的十八大关于全面深化改革的战略部署出台了《中共中央关于全面深化改革若干重大问题的决定》，进而推进了我国金融、科技、产业三者的深度融合，科技金融已成为国家战略的重要组成部分。同年 8 月发布的《关于中关村国家自主创新示范区建设国家科技金融创新中心的意见》，是国家相关部门与北京市政府联合发布的指导科技金融工作的第一个国家层面文件，目的在于指引建立科技金融体系，同时北京中关村成为国家科技金融创新中心，在整个科技金融体系中确立了自己的战略地位，在自身不断探索和发展的过程中辐射带动全国的科技金融创新，中关村科技金融服务体系在 2020 年应该初步具有全球影响力。在科技层面，以大数据发展为基础，金融体系获得了较大的技术支持和创新发展，科技金融工具和产品的创新程度速度不断加大加快，如技术演进带来的支付流程、模式和产品等方面的创新，在清算、保险、证券各个场景中科技的应用，以及科技对风险、信用等所产生的影响。在金融层面，以商业银行为代表的金融机构对于科技的支持力度不断加大，参与的广度和深度不断延伸，科技贷款的规模、品种、服务平台及运作模式等都有了大幅提升。在产业方面，科技金融直接促进了企业科技成果转化效率，提高了科技企业特别是存在资金缺口的科技型中小企业的运作效率，使整个产业链进入了一种良性循环发展态势。此前一个月，2012 年 8 月，北京中关村科技园将中国证监会的非上市股份进行了试点转让，扩大至天津滨海新区、武汉东湖高新技术产业开发区、上海张江高新技术产业开发区三个国家级高新区。2012 年 9 月，8 家企业实现了集体挂牌，它们无一例外均来自这些高新技术园区。仅仅 5 年后，在试点园区范围内，累计挂牌企业共有 200 多家，累计成交金额将近 40 亿元，并且有多家挂牌企业的创业板和中小板实现场外交易，科技金融体系日益完善起来。该体系由场外交易市场及科技含量较高的创业板块、科技板块、中小板块结合而成。对于科技型中小企业的发展而言，科技板块无疑是巨大的推动力所在，并且可以加速科技成果的产业化与转化的形成，有效推动科技创新。与此同时，想要实现科技企业的协调同步发展，场外交易市场的作用日益受到重视。

2014 年 1 月 22 日，科技部会同中国人民银行等六部门联合印发了《关于大力推进体制机制创新　扎实做好科技金融服务的意见》，重点从七个方面对科技金融工作提出了部署和要求。意见提出，在保险资金的使用方式上要做出创新，保险资金可以以股权、基金、债权、资产等多样化的方式支持计划，保险资金可以为高新技术园区和相关的产业化基地建设、对于国家经济发展具有战略意义的新兴产业的培育以及国家重大科技项目提供更为稳定、长期的支持。2016 年 8 月 8 日，国务院发布了《"十三五"国家科技创新规划》，明确提出了促进科技金融产品和服务创新，推动建设国家级的科技金融的服务创新中心等内容。规划共八篇二十七章，在提出建设国家创新体系的要求时，主要着眼于创新的主体、基地、空间、网络、治理、生态六个方面，并进行了系统的部署，规划汇总提出构筑国家先发优势、增强原始创新能力、拓展创新发展空间、推进"双创"、全面深化科技体制改革、加强科普和创新文化建设这六个方面是进行部署任务的主要方面。2017 年 10 月 18 ~ 24 日，党的十九大明确提出，深化金融体制改革，推进科技金融健康高效发展，构建多层次科技金融生态系统。2018 年 10 月 22 日，国务院常务会议中李克强提出，建设"互联网＋监管"系统，促进互联网金融规范化、精准化、智能化。2019 年 8 月 8 日，中国人民银行金融科技委员会第一次会议在北京召开。

现阶段，我国新科学技术革命飞速发展，中国特色社会主义经济体制与创新政策孕育了新突破，科技金融平台的构建极大地改变了经济与社会的面貌。以 5G 技术的成功研发、人工智能、物联网为代表的科技成果，越来越便利、服务于人们的日常生活，然而推动科技发展的主要动力就是有金融的支持，科技金融的重要性不言而喻。

从《中共中央关于科学技术体制改革的决定》到《国家中长期科学和技术发展规划纲要（2006—2020 年)》，我国科技金融实践探索在开始时只是将科技与金融进行简单融合，发展到现在的科技、金融、产业三者的深度融合，实现了跨越式的发展。在商业市场中，科技成果的转化是企业盈利实现创新可持续化的重点，而转化速度也直接影响企业的盈利速度，科技与金融的高效融合对于这一过程的有效推进至关重要，高科技产业以其自身的营利性有效促进了为其提供资金的金融市场的发展，两者之间的双向促进将会使双方共同繁荣，同时，现代科技与现代金融的结合，既发展了科技，又促进了金融，两者的合力加快了以科学技术为支柱的商品经济的发展，进而推动整个社会的持续健康发展。在我国，科技与金融的结合实现了从政策驱动型到财政投入驱动型再到目前的市场化驱动、社会资本驱动的跨越式发展，从结合的程度及效果而言，具体可以概括为三个阶段：初级结合——宏观制度安排；中级结合——整合资源的具体路径与科技创新资产证券化；高级结合——贷款与投资、监管、创新园区的配合，即政策驱动—财政投入驱动—市场化驱动、社会资本驱动。

从计划经济改革时期到现阶段的科技金融发展历程如图 2 - 1 所示。

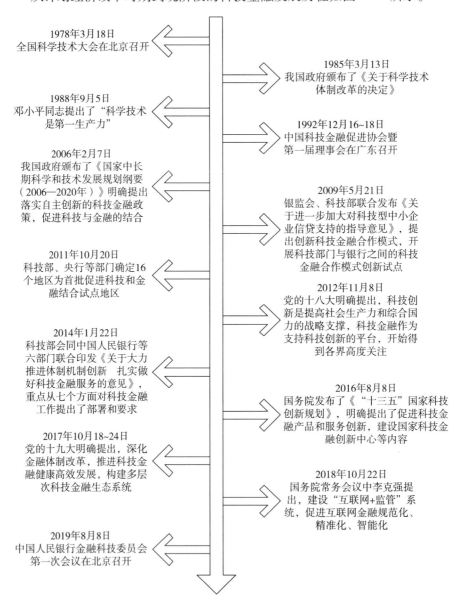

图 2 - 1　我国科技金融发展历程

第三章　科技金融与科技型中小企业创新的发展耦合关系

熊彼特将为创新服务的金融称为真正的金融。本章探讨科技金融与科技型中小企业创新的耦合关系，从理论上把两者的相向互动明确下来，为解决实践难题形成良性互动提供了理论依据。诚然，科技金融的核心功能是解决科技型中小企业创新急需的资金困难，但是科技型中小企业创新之间的耦合机理全貌，犹如"黑箱"，本章旨在对此进行深入阐释。

一、科技型中小企业创新的生命周期

（一）科技型中小企业创新的影响因素

如前所述，科技型中小企业创新是指企业根据市场的变化，对于产品和服务所涉及的新的知识、工艺以及技术进行创造和应用，在进行新产品的开发、对已有产品进行改进提升产品质量以及针对市场提供新服务的过程中将新的生产方式和经营管理模式融合进去。科技型中小企业面对行业竞争严峻的市场环境，创新更是其命脉及核心竞争力所在。

科技型中小企业创新受政府政策因素、制度因素、市场因素、企业文化因素、企业家精神、组织因素等多维度的影响。政府政策因素主要是指政府为促进科技企业进行创新活动而发布的一些扶持性政策或者技术性帮助。政府在引领科技型中小企业创新研发等方向上可以采取一些政策性的措施，例如，发展战略以及在税收方面给予优惠等；另外，科技企业在进行创新活动时往往需要大量的资金，资金的短缺会降低企业进行创新研发的效率，针对这一问题，政府可以通过资助、补贴等方式给予帮助。制度因素主要指在一定区域范围内所形成的规范以及准则等，这些规范准则既可以是正式的，也可以作为非正式的因素出现，相关知识产权法律法规在科技型中小企业进行创新研发活动并进行监管资源的投入中具有重要意义，目前知识产权法律主要指的是促进科技成果转化法、著作权法、商标法以及专利法等。市场因素主要通过市场需求的变化以及市场结构和竞争对技术创新产生影响。企业文化因素通过维持员工产生新构想的热情、畅通各部门间的沟通、分担风险与责任、自觉树立企业精神与形象等方式作用于科技型中小企业的创新。企业家精神主要表现为一种精神现象，在对企业技术能力和技术创新绩效的提升过程中，企业文化以及员工的创新意识是主要的影响路径。在推动和提升企业创新活动的过程中，组织作为企业进行技术创新的载体，组织因素的支撑作用不可忽视。科技型中小企业需要构建适宜的组织结构、完善组织制度和资源配置，从而提高企业的组织协同度和组织效率，最终为企业提升技术创新水平提供支持。

上述多种因素在企业的不同阶段影响着科技型中小企业的技术创新，因此创新贯穿于企业的整个生命周期。

（二）不同生命周期阶段

科技型中小企业创新的生命周期大致可以分为科技研发时期、成果转化时期以及产业化时期三个阶段。尽管各个创新阶段都面临着融资问题，但不同创新阶段对科技金融的需求截然不同（见表3－1）。因此，根据科技型中小企业不同创新阶段的特点，进一步研究其融资需求及路径，有助于为科技金融与科技型中小企业创新耦合发展提供理论支撑。

表3－1　创新各阶段风险及资金需求状况

项目 阶段		科技研发时期	成果转化时期	产业化时期
风险状况	表现形式	竞争风险 技术风险	技术风险 产品风险 财务风险	市场风险 生产风险 经营风险
	程度	★★★	★★★★	★★
资金需求程度		★	★★★	★★★★

1. 科技研发时期

科技研发时期也称创意期，是科技人员根据市场需求提出高新技术设想或创意，通过其创造性地探索研究，构思出新的理论、方法、技术或发明，再经过内部技术、财务审核和外部市场调查确定其可行性的阶段。随着经济社会的发展，技术创新日趋复杂，企业在进行技术创新之前，科学评估自身所具备的条件和能力，可以有效地减少无效投入。同时，创新的想法不能独立于经济社会环境之外，要求正确分析环境，研究市场需求、社会需要以及技术可行性。此外，在整个科技研发时期的创新活动中，需要进行不间断评价评估，及时终止不合适市场的创意，避免各种资源浪费。

科技研发时期包含两个阶段：构思阶段和确定阶段。构思阶段具有明显的知识创新特征，其核心投入要素是科技人员的智力和技能，对投入资金的需求较小。确定阶段则是企业内部对所构思的新理论、方法、技术或发明进行内外部调查，最后对研发进行决策。在此阶段，新产品的先入市场优势与产品不确定性相悖，尽早确定新产品的研发生产可让企业抢占先机，提前占有并扩大市场份额，但新产品的不确定性又会增大其市场风险，可能在生产、营销、售后等环节为企业带来难以估计的损失。

科技研发时期的主要风险是竞争风险和技术风险，风险指数较高。科技研发时期是技术萌芽阶段，产品无法生产，市场潜力难以准确预测。对于科技型中小企业而言，新技术的研发速度及投产所需时间直接影响其存亡。此时无论是技术的创造者还是跟随者，均面临着巨大的竞争风险和技术风险。处于科技研发时期的科技型中小企业并不容易获取资金供给，其资金来源一般包括：①内部融资。主要是所有者的资金投入，或企业内部自有资本，如企业自身发展所积累的留存收益、企业固定创新投入资金等。②外部融资。主要包括合作者的资金投入，与基于社会关系的民间借贷。③政府创新基金。我国目前设立有诸如科技型中小企业技术创新基金等政府创新基金，政府通过拨款资助、贷款贴息和资本金投入等方式扶持，对于科技型中小企业的技术创新给予方向引导，推动和加快科技成果的转化过程。④国家创新计划扶持基金。诸如国家火炬计划、重点新产品计划、星火计划等国家创新计划用以支持科技型中小企业创新发展。⑤科技企业孵化器资金。孵化器主要是针对新创办的科技型中小企业，为其提供必需的物理空间和基础设施，并作为平台引导社会资金的投入，帮助和支撑科技型中小企业创新。

初创期企业处理融资问题的同时，需要规范化企业管理，为其后的风险投资奠定基础。企业也可以通过与政府机构之间的沟通合作，申请政府资金对于企业的帮扶，如技术创新基金，政府帮扶基金的获取不仅有利于缓解企业面临的资金问题，促进科研成果的有效转化，同时可以通过政府的帮扶树立企业形象，提升企业在其他投资者心中的可靠程度，有利于企业的外部融资。

2. 成果转化时期

成果转化时期也称孵化期，此时企业研究人员已按照企业内部财务状况、技术条件以及市场需求，对具有开发价值的新产品和新工艺进行研发及设计试制。对创新方案给予专业化评价，当评价呈现积极结果时，企业便会积极转入产品的研发过程。这一阶段，人、财、物等资源投入较大，企业还需解决产品研发在技术、工艺以及试制上的各种问题。

成果转化时期包含两个阶段：研发阶段和设计试制。研发阶段是将实验室的科研成果向生产转移的重要环节，其主要活动是将研发过程中产生的各种理论假设以及新产品、新技术方案进行实验、探索和比较，进行实验结果筛选，并融合大量成果将产品核心技术具体化、实体化。在研发阶段，技术产品化、市场化对企业的技术能力有极大考验，专利以及论文是企业研发创新成果的基本形式。设计研制要解决从产品研发到试生产阶段所有可能出现的技术问题。此时，企业产品在生产工艺和技术上并不完善，所面临的市场前景也难以预料，产品在许多方面存在需要继续完善的地方，还无法确保产品进入市场后的成功。

成果转化时期的主要风险是技术风险、产品风险以及财务风险，风险指数很高。这个时期属于技术攻坚阶段，企业面临着自身在进行高尖技术突破时突破程度、新产品研发耗费时长等诸多不确定性，需要高、精、尖设备以及高素质科研人才。即使企业具备完备的此类条件，仍无法保证研究人员能够设计出符合市场需求的、具有高价值的产品试品。在这一阶段，企业忙于产品生产的前期工作，在产出方面表现空白，投入却较大，对于资金的需求较为急迫。高风险与低收益并存，外部融资难度较大，企业在选择融资方式时非常有限：①自有资本。在此阶段意味着企业创新有了一定突破，作为创新的最大受益者，为了促进企业尽快盈利并在后续运作中提升市场竞争力，企业仍会投入大量自有资金保证创新活动开展。②资本市场融资。企业与各类投资机构打交道，如信托投资公司、投资银行、产权交易所等，寻找最适合的创新资本融资伙伴。该融资方式既可以为资金缺口巨大且融资约束较大的企业提供长期性股权资本，又可以帮助企业凭借借力投资机构风险投资专家的专业知识，实现对企业持续创新的规范化管理和运作。③政策性银行贷款。符合申报条件的科技型中小企业可以向政策性银行寻求贷款。多为中长期贷款，且大部分贷款利率低于同期储蓄存款利率，故政策性银行贷款是企业创新过渡期极为重要的资金来源。④天使投资。高风险对应创新成功后的巨额收益回报，富有个人愿意为股权投资回报承担此风险，对创新技术的研发和新产品设计试制进行投资。⑤促进科技成果转化资金。国家对企业的科技成果转化过程高度重视，在帮扶上既会进行财政资金投入，又会积极引导社会性金融资本的参与投入，致力于拓宽科技成果转化的资金渠道。

在这一阶段中，风险投资可以通过获得股权为企业研发分期注入资本，研发过程主要是以新产品的开发为起点并以产品的研发完成为终点。风险投资方式决定了风险投资公司在对企业进行资金注入的同时双方结成紧密关系。风险投资机构会凭借自身专业的管理经验，规范企业经营并制定更为合适的发展战略。当然，在此过程中科技型中小企业对于日常经营持有绝对控制权。风险投资对企业经营管理的介入，可以有效减少企业与风险投资机构之间的信息不对称，对于融资成本有较强的控制作用。综上所述，风险投资成为企业进行技术创新以及后续成果转化中最合适的融资方式。

除此之外，企业也可以选择项目融资。不同于其他融资方式依赖于投资者或者发起人的资信，项目投资主要依赖于项目本身优势，如技术含量以及财务效益。项目未来发展潜力以及预期收益对于融资成功与否影响最大，而项目大小往往不是项目融资的关注重点。科技型中小企业专注于研发高科技产品，项目在技术水平、市场潜力和预期收益等方面表现优异，"未来"可预期较强的盈利空间与稳定现金流，完全可以吸引资方关注而规避企业层面的缺陷。

3. 产业化时期

在产业化时期，技术项目可行性呈现较大优势，通过企业技术手段，产品成型，初步形成产品市场。企业重心开始向市场偏移，提升自身面向市场的营销能力，逐步扩大分销渠道，促进产品的市场认可度。面对产品完善和后续开发，企业融资需求仍旧很大，资金投入主要在增加设备、扩大业务方面。

产业化时期包括两个阶段：批量生产和销售阶段。企业在完成产品技术创新后就会进入批量生产阶段。在批量生产阶段，企业需要投入大量资金购买设备、原材料。同时，新产品批量进入市场后，市场上大量涌现的模仿者会促使企业加快下一轮技术创新步伐，维持核心竞争力并支撑企业持续发展。销售阶段指在进行产品销售前对市场需求的研究，包括在产品开发过程中给予引导、收集市场信息便于产品改进，最终销售新产品并且抢占市场等一系列工作。在这一阶段，企业产品的市场竞争力增强且份额不断上升，顺利销售产品时可以预见产品的营利性。

产业化时期的主要风险是市场风险、生产风险以及经营风险、风险指数中等。产业化时期是技术的市场化阶段，尽管企业是新产品的创造者，但此阶段的企业往往会出现因产品不适应市场需求、顾客需求变化过快、跟随者后来居上等问题而陷入困境。另外，从小试和中试到批量生产除了面临生产线、工艺设计、生产设备、厂房购置或租赁等问题外，更可能面临生产线多次调整、产品迅速改善等生产难题。随着规模不断扩大，销售利润的滞后性以及生产的及时性使企业必须拥有更全面的经营能力以及将创造发明迅速投产的能力。在产业化时期，企业融资渠道较为广泛，较为适宜的融资方式有：

①资本市场融资。科技型中小企业创新逐渐成熟时，可以凭借资本市场实现企业发展，把上市纳入企业发展战略。既能为企业提供坚实的资金支持便于企业进一步扩大生产规模和技术创新，企业上市也便于风险投资退出。②商业银行贷款。企业进入创新产业化时期后，经营业绩趋于稳定，资产收益率变高，可抵押的资产越来越多，银行愿意为该阶段的科技型中小企业提供贷款。③风险投资。处于批量生产前期的企业所面临的良好市场状况以及迅速增长的市场收益均能够满足风险投资期望，企业可以选择依靠风险投资进一步扩大生产规模。④资本运作。企业融资时可以凭借自身优势，例如，将企业部分专利以及股权进行出售，或者是通过资产重组等方式获取所需资金。⑤融资租赁。科技企业因其产品技术含量高，属于固定资产的设备购买支出不足。通过融资租赁方式、租赁设备、融通资金，可有效破解企业困境。⑥商业信用。企业在面临自身流动资金不足的情况时，可考虑依赖技术创新奠定的行业信誉，向其他企业以延期付款、赊欠商品或要求提前付款等形式解决。⑦债券融资。企业可以发行普通债券、可转换债券，获得稳定的资金投入。

科技型中小企业创新的最根本出发点是产品经济效益，而产品能否顺利上市并获得市场认可是技术创新的最后阶段，也是事关企业技术创新能否成功的最为重要的一个阶段，此时若失败，企业前期的所有投入都将化为泡影。在这一阶段，企业为了促进产品顺利上市，需要投入大量资金，进行产品上市前的宣传、促销等。企业自身的留存利润、内部资金的挖掘和取得银行或其他非金融机构信贷等融资方式将难以满足需要，而企业利用证券市场或吸引风险投资又面临较大约束。因此，合理的资本运作方式如相互参股、横向或纵向兼并与合作是企业较为合理的选择。合理利用银行或非金融性机构的信贷资金，运营情况良好的企业还可以考虑采取发行债券或股票融资方式。

二、科技金融与科技型中小企业创新的
耦合互动理论机制

（一）科技金融与科技型中小企业创新的耦合选择

科技金融的发展对科技型中小企业创新具有促进和拉动作用，而科技型中小企业不断发展和进步能够加速科技金融的深化和创新①。对于科技型中小企业创新而言，科技金融主要通过完善融资功能，对其技术研发、成果升级转化和产业化过程提供融资支持。对于科技金融而言，通过企业技术创新，获得更先进的技术手段以及更好的发展空间，同时企业的科技创新水平决定了科技金融投资获得的绩效高低②。

科技金融子系统由公共科技金融和市场科技金融组成。公共科技金融是指以政府为主体向科技型中小企业投入的财政资金，主要包括创新补贴、专项科技计划、政策性贷款等直接投入以及创投基金的间接投入。公共科技金融更注重资金投入的可持续性及投入效率，而不要求资金的营利性，具有公共资源的特点。市场科技金融是指科技型中小企业从外部市场环境获得的资金流入，主要包括银行贷款、资本市场融资等。市场科技金融更注重资金投入的风险性、营利性，通过对科技项目进行风险预估，分析预期收益，选择

---

① 刘敏，赵公民．科技金融与科技型中小企业协同演进的可视化研究［J］．科技管理研究，2016（6）：34 – 39．

② 王莹莹，王仁祥．科技创新和金融创新耦合机理及实证分析［J］．技术经济与管理研究，2017（12）：66 – 71．

投资收益更大的项目进行投资。而科技型中小企业能否获得资金流入，不仅取决于公共政策的支持，同时也取决于市场金融环境的发展水平。公共科技金融和市场科技金融作为科技金融的两个重要子系统，两者存在紧密的联系。

科技型中小企业创新子系统的主体为科技型中小企业，根据生命周期理论可将科技型中小企业创新划分为研发、成果转化以及产业化三个不同阶段。对于科技型中小企业创新而言，起始点为研发，终点为产业化。在科技型中小企业创新的研发、成果转化以及产业化阶段都存在着明显的阶段性特征，资金需求不同。研发阶段，科技型中小企业研究新技术、新知识，该阶段的资金更多地来源于政府专项科技计划；成果转化阶段，企业对新产品进行研发试制，除政府的创新补贴融资支持外，市场科技金融经项目风险以及预期收益评估后，银行贷款也促进了该阶段企业研发成果化的实现；产业化阶段，科技型中小企业的技术相对成熟，银行贷款、资本市场融资为企业提供更大的资金支持。

科技金融与科技型中小企业创新的耦合选择如图3-1所示。在科技金融与科技型中小企业创新的耦合系统中，与科技金融主体密切相关的是资金流。由于科技型中小企业具有高风险、高收益、正外部性等特征，不同科技金融主体的投资目标存在差异性。公共科技金融因科技型中小企业的高投入、高风险以及正外部性，选择通过财政科技投入以及创投基金投入对企业创新提供支持，从而带动区域经济快速发展。市场科技金融的介入则在于追求投资的高回报收益，通过银行贷款、资本市场融资等方式提供资金支持。因此，科技型中小企业应根据所处不同阶段的资金需求以及公共科技金融与市场科技金融的选择特点，积极主动对接科技金融资源。科技金融主体则应当根据自身发展目标以及科技型中小企业发展的不同阶段，选择合适的介入点提供支持，从而实现科技金融与科技型中小企业创新的双向良性互动。

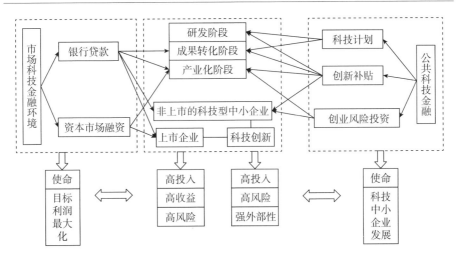

图 3 - 1 科技金融与科技型中小企业创新的耦合选择

（二）科技金融与科技型中小企业创新耦合的理论机制

"耦合"是物理学概念，多用于电子学和电信领域，后被引用到管理学领域，指在多个系统间通过相互作用、彼此影响，最后产生协同放大作用的一种动态关联关系。科技金融、科技型中小企业创新作为两个基本的子系统，主体构成要素包括公共政策环境、市场环境、不同发展阶段的科技型中小企业等，当整个系统发展不平衡时，通过要素之间的相互作用，使系统从无序状态过渡到有序状态，两个子系统之间形成了耦合效应①。

科技金融与科技型中小企业创新相互作用形成耦合，耦合的理论机制如图 3 - 2 所示。科技金融与科技型中小企业的耦合过程主要包括两方面：一是科技金融通过完善服务体系，提供金融市场，以及政府部门在资金、政策制

---

① 冯锐，刘广，罗艳娟 . 广东省科技创新与金融发展的耦合研究［J］. 广州大学学报（社会科学版），2017，16（12）：63 - 69.

度等方面的支持，推动科技型中小企业研发、成果转化及产业化进程，促进科技型中小企业技术创新。二是科技型中小企业为科技金融系统提供技术支撑，进一步拓宽科技金融发展空间，扩大其盈利空间①。

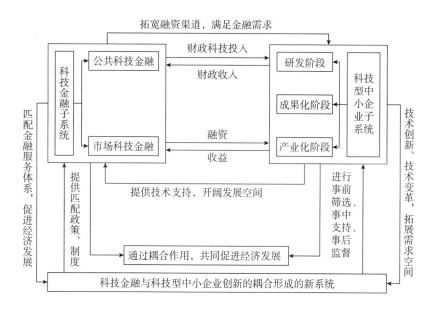

图 3 - 2　科技金融与科技型中小企业创新耦合的理论机制

科技金融与科技型中小企业创新耦合的作用包括两方面：一是将科技金融的资源导流至科技型中小企业，筛选并监督企业的创新发展。二是通过科技型中小企业创新，为科技金融发展提供技术支撑。通过科技金融，科技型中小企业获得可靠的资金来源，科技金融能够保证公共金融的财政科技投入、市场金融的融资对企业的投资力度。科技金融与科技型中小企业的耦合系统还发挥对科技项目的事前筛选、事中支持和事后监督作用，从而保证科技金融资源的有效性和可利用性。此外，耦合系统中科技金融对企业科技项目的

① 张晓宏，赵公民．企业创新氛围影响服务创新绩效的机制和路径［J］．商业经济研究，2015（7）：34－39.

筛选功能还可以促进企业内部科技创新动力的持续性,从而放大企业科技创新的能力、质量和效率。通过科技型中小企业创新,使科技金融子系统中各要素得到进一步发展,信息化程度提高。随着科技创新的发展,科研水平和效率的不断提高,使科技金融创新收益空间不断扩大,财政收入和金融收益利润得到提高,进而保证政府资源的合理配置以及市场金融的收益回报。科技金融与科技型中小企业的耦合系统通过制定相关配套政策和制度,提供科技资源,完善科技金融发展环境,支持科技金融相关活动,为科技金融开辟一条新的发展道路。

科技金融子系统、科技型中小企业创新子系统之间存在相互协调、相互促进、不断完善的耦合关系,一个子系统的发展滞后,会影响另一个子系统,只有当两者相互配合、相互适应时,才能实现整个系统的耦合发展,发挥耦合作用。

三、研发阶段科技金融与科技型中小企业创新的耦合关系

研发阶段是科技型中小企业创新的始点,科技金融因内部各相关要素之间相互影响而成为一个有机整体。两者作为耦合系统的两个重要子系统,在彼此的相互作用中呈现出既独立又依存的状态,两者相互作用也改变着彼此的属性。

(一) 相互作用为耦合关系奠定基础

为什么科技金融的需求市场会持续扩大? 研发阶段,科技型中小企业创

新是最为关键的影响因素，因为科技金融具有资金投入及风险分散功能。①科技型中小企业创新需要资金供给，而科技金融则能够提供所需资金，正是由于科技型中小企业创新的资金需求，科技金融才得以产生并迅速发展。②科技型中小企业的创新研发能力对科技金融主体的投资收益有着直接影响，且在政府主导的公共科技金融体系中，科技企业创新将会直接催生一批成熟的科技企业，政府财政税收也有益于此。③科技型中小企业创新会反过来促进金融行业的迅速发展，金融行业借助科技发展完善自身。例如，互联网等新兴技术的发展催生了电子支付以及电子银行等金融科技产物。

在研发阶段，科技型中小企业创新和科技金融表现出紧密联结关系。科技型中小企业表现为智力技能需求高、风险大、超前于市场、收益丰厚、正外部性强等特性。科技金融对科技型中小企业创新的作用呈现出关键性特点，具体表现如下：①科技金融为科技企业创新提供资金支持。在我国经济发展的大环境下，科技型中小企业创新对知识、技术以及资金等的需求呈现爆发式增长，急迫需要科技金融的全力支持。财政科技投入会采用多种方式为科技企业创新提供所需资金；借助科技信贷这一方式将资金注入科技企业创新当中，则是银行偏向采取的方式；风险投资及资本市场投资因其自身偏向于高收益且愿意承担高风险的特点，股权投资是其最常用的方式。②审查机制是帮助科技金融主体对科技企业创新项目进行审核挑选的方式。政府财政和科技部门通过各种方式将优先发展的科技创新项目挑选出来，在分派科技资金时给予一定倾斜；商业银行在对科技创新项目拨款时，会严格遵守审验检查步骤，从而确保银行在此项投资中所承担的风险最小；资本市场投资人员主要根据上市公司的参照信息结合实地考察方法对投资对象进行审核甄选；风险投资重收益，风险投资者则依靠项目筛选机制，根据实际情况以及行业研判做出选择。③科技金融对科技企业创新进行事后监督管理。政府财政和科技组织主要通过全过程监督的方式对项目运行过程中的资金使用进行监督，而银行在对企业资金使用进行监督时会采取跟踪调查或者直接安排专业人士入驻企业的方式；资本市场投资人员在对经理人进行约束管理时通常采用股权激励手段；风险投资组织则会凭借专业知识介入企业经营管理，帮助企业获得成功。

综上所述，科技型中小企业创新与科技金融具有高度同步性，且双方能够相互促进、相互约束，两者组成的有机整体呈现出相互渗透及影响的特征，为两者耦合发展奠定了坚实基础。

（二）耦合关系分析

研发阶段科技金融与科技型中小企业创新之间的耦合关系分析，既要从宏观上把握整体发展态势，又要从微观上考察各要素的作用及变动情况。科技金融子系统与科技型中小企业创新研发子系统之间优势互动、联系紧密、联动加强。科技型中小企业创新研发阶段存在技术不稳定、耗时长、融资约束较大、高风险、流动性差等瓶颈问题，科技金融则通过充足的资金支持、完善的风险分散机制、有效激励与约束机制以及金融体系自身的流动性保障等手段解决了科技型中小企业创新研发阶段的各种问题，提升了科技型中小企业的研发创新水平。随着科技型中小企业创新的健康发展，科技金融资本得到较大幅度增加，并且获得了企业研发技术手段。基于此，科技金融发展到了更高水平，对科技型中小企业科技创新研发阶段提供持续支持。在这种情况下，科技金融和科技型中小企业创新研发阶段彼此推动、不断提升，直至形成两者有效促进的统一整体。在这一过程中，两者生存发展都会受到彼此影响，若有任何一方发展停滞或者无法满足另一方发展，整个体系也将停滞不前。

科技金融与科技型中小企业创新研发阶段的耦合关系如图3-3所示。科技金融与科技型中小企业创新研发阶段相互作用、协调以及促进，存在动态关联。两者的耦合系统更是在两个子系统能量耗散和非线性作用下的自组织演化活动，是一个具有动态开放性、远离平衡态、非线性作用与系统涨落特征的复杂系统①。在这一复杂系统中，两者耦合呈现出更为有序且不断趋向高级的发展。具体特征如图3-3所示。

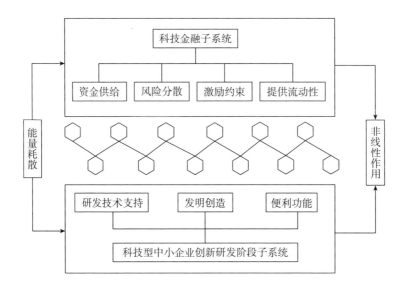

图 3-3　科技金融与科技型中小企业创新研发阶段耦合关系

1. 动态开放性

开放性是指系统与外部环境持续的物质、能量和信息的传入与导出。与封闭系统相对，封闭系统处于无序状态且不与外界交流沟通。科技金融与科技型中小企业创新研发阶段所形成的耦合系统具有开放性特点。科技型中小企业、中介服务机构、政府、金融机构、高校及科研机构等相关主体构成了体系的内部要素，在系统之外，经济、政策、制度、法律、文化等环境要素

---

① 李丽. 金融创新与科技创新耦合的机理及效应研究［D］. 武汉：武汉理工大学，2017.

不断与系统内部进行资本、技术、信息以及人力等资源的传入和流出，促进两者之间的创新成果化。

2. 远离平衡态

非平衡是系统走向有序之源。系统处于远离平衡态的非线性区域才能实现更为有序化的发展，只有系统处于非平衡状态，才能促进系统持续与外部环境进行物质、信息和能量等相关要素交换。科技金融与科技型中小企业创新研发阶段所形成的有机系统是一个不断变化的、处于非平衡状态的系统，耦合系统中的两个子系统在构成要素和主体上表现不同，在系统内部还存在较多匹配度较低乃至不够协调的问题，受其影响，系统必然会处于远离平衡态的状态。例如，科技型中小企业创新研发活动充满着不确定风险，而科技金融相对安全，金融资本在介入科技型中小企业的创新研发活动中时会面临较多障碍，许多创新研发活动得不到科技金融的有效支持而后续发展缓慢甚至夭折。这种夭折严重影响了双方融合发展，却也为双方提供了新的经验和方向，促进了系统的进一步发展。

3. 非线性作用

只有非线性系统才能够在各种推动力作用下走向自组织。非线性系统内部存在着相关性和制约性，可以促进自组织结构形成。科技金融与科技型中小企业创新研发阶段子系统相互之间独立，但是又存在着复杂的相互作用机制，在推动过程中也会相互制约。科技金融与科技型中小企业创新研发活动两个子系统相互影响促进的条件是双方都在市场中追求发展以及利益，创新会将资源有效利用起来并且创造财富。在耦合系统中，金融机构一方面需要为企业提供服务，另一方面又必须对企业的相关活动进行监控和约束，避免道德风险。

4. 系统涨落

涨落作为整个系统的不稳定状态可以引发系统朝着有序方向继续。当整个系统处于非平衡状态且表现为非线性时，系统内部极小的涨落都会引起系统剧烈的变化，而这种变化则会推进系统的有序化进程。科技金融与科技型中小企业创新研发阶段的有机系统中存在影响因素，这些因素会影响企业涨落，而系统处于开放性状态，系统涨落也会由外部环境变化引起，例如，政府政策颁布、法律环境变化等都会对科技金融与科技型中小企业创新研发阶段耦合产生重要影响。将系统涨落作为推动系统有序发展的触发机制，只有充分利用，才能推动系统良性发展。

四、成果转化阶段科技金融与科技型中小企业创新的耦合关系

成果转化阶段作为科技型中小企业创新的关键阶段，对资金的需求程度开始急剧增长，企业自有资金以及由政府主导的创新基金已经无法完全满足技术研发和新产品设计试制过程所带来的巨大资金缺口。此外，社会对多元化科技金融的需求随着经济飞速发展而越发强烈。因此，科技金融子系统与科技型中小企业创新子系统在成果转化时期以资本市场为主要媒介，两者良性互动、相互促进、耦合发展。

（一）要素特征分析

科技型中小企业创新子系统发展到成果转化时期，其风险达到更高程度，面临的企业内部状况和金融环境有如下三点特征：①企业创新风险高。此阶段，科技型中小企业创新的不确定因素较多，科研投入高以及盈利回报不稳定的资金需求特征让企业面临高技术风险、产品风险及财务风险难题。另外，

科技型中小企业可抵押资产较少的特殊性也增大了其融资贷款难度。②企业融资渠道拓宽。我国目前的融资体系仍是银行主导型，风险偏好较低，且多为债券型融资，传统融资渠道无法满足科技型中小企业创新的资金需求。经过政府良性引导，政策性银行贷款及资本市场融资开始接纳此阶段中前景良好、具有明确市场需求并具备竞争力的企业。在此阶段，科技型中小企业与各类投资机构接触，寻找最佳创新资本融资伙伴。③科技金融环境亟待完善。欠佳的科技金融环境不同程度影响企业创新，诸如社会信用环境差、科技金融法律法规不健全、银行和企业效益均无法得到有效维护等问题严重地阻碍科技型中小企业创新。

（二）耦合关系分析

科技金融子系统为寻求自身发展并满足社会对其急剧增长的需求，与科技型中小企业子系统相互促进，进一步形成耦合关系。首先，科技型中小企业与传统企业不同，高成长性、无形资产高于实体资产等特点意味着它们无法摆脱自身经营风险较高、可抵押资产较少、财务制度不健全、财务风险较大等融资和经营难题。而解决这些难题需要科技金融子系统主动配合、积极联动。政府主动建立健全社会信用体系，鼓励培育科技保险行业发展，可降低科技型中小企业子系统的整体风险。社会资本市场则在政府方向性引导下拓宽投资渠道、降低贷款及投资门槛，为科技型中小企业创新持续护航。另外，科技金融子系统不仅服务于科技型中小企业子系统，还可借助其先进的技术创新、高额的投资回报加速发展。科技金融子系统的发展是在与不同的主体相互作用下发生的，在此阶段，两者耦合程度不断加深，但核心是科技金融子系统作为主导力量支撑着科技型中小企业子系统的良性成长，而科技金融子系统则是受益于企业的反馈得以完善。两者的耦合关系主次分明、层次明晰、程度深化。

科技金融与科技型中小企业创新成果转化阶段耦合关系如图3-4所示。

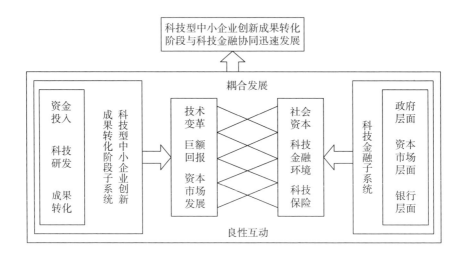

图3-4　科技金融与科技型中小企业创新成果化阶段耦合关系

　　不同主体实现两个子系统耦合的具体方式不尽相同。在此阶段，政府行为目的集中于两点：完善科技金融环境和引导社会资本投入。科技型中小企业创新风险偏高的难题需要由政府积极发挥其政策协调的功能予以解决，首先，政府出台科技保险相关优惠政策并作为科技金融和科技型中小企业间的坚实桥梁，深化两者关系，培育优秀科技保险人才，有效地指引企业参加科技保险。以科技保险作为坚强后盾，科技型中小企业就能做到大胆、大量、大力创新。其次，加强信用体系建设，完善信用信息的征集、评价、发布以及共享，制定失信惩戒的相关法律政策，优化知识产权评估和抵押制度。科技型中小企业的核心竞争力主要来自知识产权、专利技术，科技金融市场知识产权融资方式兴起，可以帮助科技型中小企业借助科技成果、知识产权进行融资，突破了投资者惯常关注企业规模以及盈利能力的局限，相较于传统银行借款的融资模式，更能解决实际问题。

企业存在融资优序理论，在所有融资方式中，内部融资处于绝对优先位置。企业留存收益、折旧资金、内部集资、盘活企业内部存量资产等内部融资模式，成本较低，在代理问题上出现争议的可能性也更小。因此，在科技型中小企业面临高外部融资约束的先天条件时，积极探索内部融资不失为好的解决办法。当然，内部融资不能完全替代外部融资，银行贷款融资方式仍至关重要。鉴于信贷审查看重信用记录，科技型中小企业应在内部经营管理中注重建立和完善信用评价记录体系。企业产品市场占有率以及成功的研发创新，都是企业外部融资的招牌。

　　为保障融资顺利进行，良好的决策执行力至关重要。科技型中小企业财务制度的完善以及组织管理的有效性将会提高融资效率与效果。一方面，科技型中小企业子系统与科技保险业协同发展，单个企业以购买科技保险的方式为科技保险行业的可持续发展聚力，不同类型的科技型中小企业对于科技保险的不同需求也推动着科技金融创新并完善其体系及相关配套服务；另一方面，科技型中小企业整体素质在科技金融服务体系渐趋完善时快速提高，对社会的持续引领及推动、高收益回报、良好信用行为反作用于科技金融子系统。资本市场在两者耦合发展中受益最大。多层次、多元化资本市场的形成十分依赖于科技型中小企业创新，其自我完善、自我优化过程需要持续、高额的投资回报作为基础。而科技型中小企业创新则需要大量资金周转及保证技术成果转化为市场所需产品，两者各取所需，相互联合，逐步形成由技术含量高、市场前景好、竞争力强劲的科技型中小企业作为主要构成的科技金融优质环境。

　　政策性融资也可以连接两者在这一阶段的耦合发展。基于政府支持和鼓励，政策性融资往往依托于政府财政和国家信用，政府会设立精准的政策以及法律法规进行规范约束，通过财政部门、金融机构及其他不同融资载体的合理运作，直接或间接为选定的科技型中小企业提供政策性贷款、保险和担保，政府进入科技金融市场主要通过旨在提供政策性融资服务的公共融资制度安排。政策性科技金融的主要特征有：①政府背景。政府借助政策性融资对科技金融市场进行调控，政府鼓励和支持的政策性融资机构更能体现出浓厚的政府色彩。②财政援助。政策性融资的财政资金、贴息、政策性亏损核补都由国家财政部门提供，除此之外，财政部门为支持政策性融资机构发债融资，还直接为政策性融资机构提供资金。政策性融资被学者称为财政投融资或政府投融资，更能彰显此特征。③特定群体。政府的职能之一便是促进社会进步与发展，符合特定政策目标以及能够促进社会发展的特定群体才更容易成为政策性融资服务的对象。相比而言，商业性融资倾向于选择营利性强的客户，政策性融资则不同，体现出非营利的公共性。④市场规则。政策性融资不是无偿补助而是一种信用活动，表现为有偿，市场化运作是基础。虽然享有国家政策支持，适度的市场化运营手段仍是政策性融资需要遵守的底线。⑤专门立法。因为政策性融资的独特属性，极易出现违背公平市场竞争、设租寻租和过分行政干预等问题，需要政策性融资立法有效规范。其中，政策性银行作为优质科技型中小企业的"滤网"，将真正具备市场潜力和市场竞争力的企业筛选出来，高效、合理地运用政策性银行贷款资金。科技型中小企业创新成果转化阶段与科技金融在此环节开始紧密联系，进行探索式、前瞻性的耦合。

五、产业化阶段科技金融与科技型中小企业创新的耦合关系

产业化阶段作为科技型中小企业创新的终点，其不断放大的资金需求以

及不同的资金风险和投资盈利要求均使其子系统具有明显的阶段性特征；同样，可以获取的科技金融子系统的支持也不尽相同，彼此需要、优势互动使两者耦合逐渐呈现一体化。

（一）系统要素分析

1. 科技型中小企业创新产业化子系统主体要素

科技型中小企业作为创新产业化子系统的主体，相互竞争推动市场经济快速发展。而要想在激烈的市场竞争中存活并发展就必须依靠创新，研发创新更受市场欢迎的高质量产品。动态和多面环境中的科技型中小企业，激活其内在动力，完成创新成果产业化。

2. 科技金融发展子系统主体要素

公共科技金融主体和市场科技金融主体构成了科技金融子系统的主体要素。主体不同，科技金融投入方式不同。公共科技金融偏向于更为直接的资金投入方式，如科技计划、创新补贴，这些直接帮扶方式可以对企业创新起到一定的鼓励作用，也用采用政策性再担保的方式对企业进行扶持。市场科技金融主体也包含着不同的子系统，主要可分为债权市场和股权市场。债权市场的相关主体包括商业银行、担保公司、租赁公司等，占据绝对主导地位的仍是商业银行。科技型中小企业创新产业化阶段的所需资金，商业银行主要通过科技贷款方式提供帮助。资本市场表现出较强的逐利性及普适性，本身并不聚焦特定企业；但是当资本市场限制为科技资本市场时，所提供的资金投入就有了特定对象——科技型中小企业。为科技型中小企业创新产业化子阶段提供资金时，股权市场所面临的风险远高于债权市场。新三板、创业板及主板三层次作为股权市场的主要构成，分别对应着对企业的不同要求。在这三个层次中，企业接受的强制要求从低到高，投资者承担风险由高到低。新三板市场主要作为未上市的科技型中小企业股份转让平台，发展规模较大以及发展前景比较广阔的高新科技公司主要集中于创业板，而主板的对象则是那些已经发展成熟的公司。

3. 系统客体要素

资金流作为复合系统的客观要素，能够融合科技型中小企业创新产业化以及科技金融。在企业创新产业化阶段，资金需求强劲，需要更为强有力的资金支持。科技金融主体为科技型中小企业提供资金时，资金流便在两者之间实现了流转。财政部门的资金投入主要采用事后补助、定额分期补助、税收优惠等方式，市场科技金融主体的资金支持往往会偏向于获取债权或股权。

4. 系统外部环境

由于系统并不是封闭的，外界各种因素往往会影响到科技型中小企业创新产业化阶段以及科技金融系统。其中，法律、人才、创新文化氛围以及系统之外的中介机构影响较大，具体如图3-5所示。科技型中小企业创新主体持有产权，受法律保护，能够在一定时期内获得垄断利润，弥补前期创新研发过程的大量资金投入并获得收益，转向下一轮创新，而法律所提供的税收

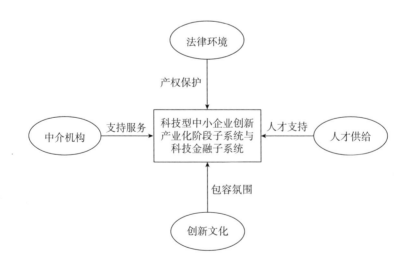

图 3-5 复合系统外部环境

支持也是创新主体的重要支撑力量。合理健康的人才培养机制以及人才流动市场能够为企业创新输送大批具备高知识储备的专业创新人才，企业的创新活动才具备实现的可能。创新文化不只表现为企业家精神，还表现为企业对于创新的包容性，对于创新挑战更为大胆也愿意承担创新的失败后果。中介机构提供的不是有关资金投入的直接服务，而是为科技金融系统中的各类主体提供专业性服务，以此促进系统的良好运营。

（二）协同作用为耦合关系添砖加瓦

系统中各子系统之间的耦合关系固然重要，可若是双方不能获得较强的协调度，系统发展也就无从谈起。协调发展的系统内部各要素需进行有效配合，在相互促进的良好关系中促进系统结构的快速健康发展。公共科技金融的目标是提高经济发展水平，市场科技金融的目的则是收益最大化，因此两者在投资决策中差异很大。

科技型中小企业创新产业化子系统与科技金融子系统在协同发展过程中，系统内部各关键要素之间为非线性关系。复合系统中各子系统具有相同的努力方向，那就是获取利润追求收益，共同的努力目标也决定了要素主体之间会存在相互竞争，良性竞争往往能够促进企业创新；政府目标则是促进经济快速增长。综上所述，可以看出政府与系统之间不存在利益的矛盾与冲突，而是一种博弈关系。在两者的协同发展过程中，系统内部以及外界都会存在多重影响因素，促进这些要素之间的相互作用，可以促使整个系统朝着健康有序的方向发展，为复合系统的耦合关系助力①。

1. 协同发展的动力

出于对利润的追求，系统各个主客体要素尤其是科技金融主体方会不遗

---

① 李秀峰. 科技创新和科技金融的协同发展研究［D］. 北京：首都经济贸易大学，2018.

余力进行创新研发活动，政府受经济发展目标的驱使也会积极制定相关政策，这就直接推动系统的协同发展。

科技型中小企业创新产业化阶段所面临的市场前景并不清晰，决定了这一阶段的高风险特质。高风险与高收益并存，科技企业基于对后续高额收益的渴望以及确保企业竞争地位，在进行创新投入时往往会不遗余力。在内部融资不能满足需要时，往往会与市场科技金融主体达成合作关系，以本公司期权或者股票为交换，获取市场科技金融主体的资金投入，并在企业经营管理中给予专业支持。对于市场科技金融主体而言，企业成功意味着资本增加，对企业帮扶也当全力以赴。共同目标促使双方紧密联系结成利益共同体，两者相互作用，促进系统整体的协同发展。

另外，科技为当前经济发展的第一推动力，政府高度重视并在政策上给予扶持。但科技是一把"双刃剑"，科技创新投资伴随的高风险可能会诱发经济发展不稳定，政府会通过一系列手段如减免税收、资金资助以及人才扶持来调节控制科技企业发展，实现经济持续稳定。当然，政府资助并不能完全解决问题，政府引导资金吸引社会资本助力企业融资才能最大限度地发挥财政资金的作用。

2. 协同发展的阻力

科技型中小企业创新产业化阶段与科技金融的结合从本质上来讲属于跨领域融合。由于领域不同，信息沟通会出现障碍，外部环境的不健全也会造成各种问题，再加之科技型中小企业创新产业化阶段本身相伴的高风险特征，双方若想实现协同发展，面临很大阻力。①科技型中小企业创新产业化阶段的高风险特点。前景未知，在推进过程中总会存在完全无法规避的风险，产业化阶段属于整个创新活动的一环自然也不例外。会给创新人员乃至投资者都带来很难打消的顾虑，投资者出于谨慎性考量，可能会拒绝提供资金。②科技型中小企业创新产业化阶段与科技金融的跨领域特性。个人精力和专业知识有限，即使能够对自己行业做到有所建树的精英，接触其他领域时也会无所适从。专注创新科技型中小企业对金融行业未必了解；金融主体对科技企业创新所知甚少，往往会忽略创新背后的高收益而止步于目光所及的高风险。政府愿意作纽带连接，但是信息不畅难免出现不利于执行或有违初衷的政策。③信息不对称。科技型中小企业创新产业化主体在对投资人信息了解不足的情况下，即使持有优质创新产业化项目，也会夭折于资金短缺；投资人在审查挑选投资项目时，会优先考虑投资回报率、项目风险以及企业信誉等，可能会与潜力项目失之交臂。若政府对于双方情况都不够充分了解，在进行干预时往往会误导资金流动方向，对于真正需要帮扶的科技型中小企业而言，这无疑是巨大的打击。④客观环境不健全。完善的法律规范以及可靠的平台是科技型中小企业创新产业化阶段与科技金融主体进行合作融合的必要条件。当前我国的知识产权、科技投资相关的法律不够完善，创新主体以及投资者权益不能得到很好的保护。中介服务平台存在缺陷，也将制约双方信息交流及合作。

（三）耦合关系分析

科技型中小企业创新产业化阶段的大量资金需求使科技金融介入主体呈现多样化。在产业化阶段，科技型中小企业的产品市场前景比较明朗，企业试图扩大市场往往需要投入大量资金，此时通过资本市场满足融资需求至关重要。例如，风险投资、政府补贴、各类科技项目资助基金以及商业银行贷款，还有证券市场的不同板块。

科技型中小企业创新产业化阶段与科技金融的内在联系会促使两者会形成耦合系统。首先，科技型中小企业创新产业化阶段和科技金融发展这两个子系统都呈现独立运行发展的状态，在内部演化特征中都表现出各自特点。其次，科技型中小企业创新产业化阶段和科技金融这两个子系统在相互联系以及相互作用的过程中实现了系统耦合发展，各种因素都会影响到科技型中小企业创新产业化阶段子系统的发展完善，如资金缺口、信息不对称和风险管理等，而这些制约因素都可以通过科技金融系统的支持得到解决。技术障碍是科技金融发展过程中面临的诸多问题之一，需要科技型中小企业创新产业化阶段子系统为其提供新技术、新产品、新平台。双方在相互作用的过程中会吸取对方优势来发展自身。双方的优势促进以及相互耦合的机制在发展过程中形成循环，两个子系统在这一循环中，螺旋式上升，形成了一体化发展的共同体。最后，科技型中小企业在创新产业化阶段和科技金融凭借相互影响、促进以及协同发展的紧密关系，两者内部各要素都朝着有序状态快速发展，通过良好积极的耦合关系促进了经济高速发展。因此，在科技型中小企业创新产业化阶段和科技金融的耦合系统形成过程中，双方会在相互联系中改变彼此属性。

科技型中小企业创新产业化阶段与科技金融发展的耦合关系如图 3－6 所示。一方面，科技金融发展系统通过提供服务、资金和风险管理促进科技型中小企业创新产业化。科技型中小企业创新产业化阶段的全过程都需要大量资金，科技金融可以提供高速且有效的资金支持，促使创新成果顺利转化为生产力；同时，科技型中小企业创新产业化需要专业的科技金融服务，包括风险管理、财务咨询等，科技金融可以实现相关资源优化配置。另一方面，科技型中小企业创新产业化阶段通过技术、新产品以及给科技金融系统带来的高额投资收益来促进其发展。科技金融发展的最关键要点就是新技术的资金需求；同时，金融系统在探寻投资回报率较高的项目时往往会涉及新产品。科技型中小企业创新产业化阶段的顺利发展将会带动某些新兴产业的迅速发展和壮大，对市场需求结构产生影响，催生出对于科技金融更迫切的需求，科技金融行业受高收益驱使会将重心转向新兴产业，从而开拓自身的业务范围。此外，科技型中小企业创新产业化阶段劳动生产率会大幅度提高，整体收益逐步增加,科技金融的投资收益就很可观,资本集聚又会带来科技金融业规模与效率的迅速攀升。

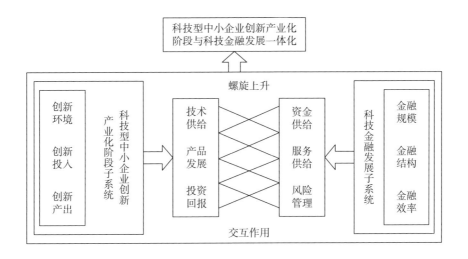

图 3 – 6 科技金融与科技型中小企业创新产业化阶段耦合关系

科技金融与科技型中小企业创新产业化阶段在相互作用下不断循环,双方的互利共生不断加强,耦合关系就此形成。在良好的耦合关系中,产生优势互补,整个系统向着有序方向不断发展,并会产生协同效应,大于双方力量之和。反之,双方的耦合关系若不够协调健康,发展步伐不够一致,两者之间的联系反而会形成掣肘。具体而言,科技型中小企业创新产业化阶段滞后于科技金融发展水平,会导致科技金融发展系统对于科技型中小企业创新投资的积极性下降,投资效率降低;若科技金融发展滞后于科技型中小企业创新产业化阶段需求,会造成科技成果因资金匮乏无法实现面向市场的"惊险跨越",创新的迭代能力和"造血"能力丧失,直接阻滞科技型中小企业的创新积极性。

第四章 科技金融投入对科技型中小企业技术创新的影响

科技型中小企业发展的关键桎梏是融资约束。融资约束贯穿于科技型中小企业的整个生命周期，抑制了企业技术创新动力。科技金融作为科技型中小企业的主要外部资金来源，具有缓解企业融资约束、提高技术研发效率、加速成果转化等作用。

那么，科技金融投入促进科技型中小企业技术创新的内在机理及实际效果如何？不同类型科技金融投入对科技型中小企业技术创新的作用路径、影响方向及程度有何差异？不同类型科技金融投入间有何关系？我国东、中、西部三大经济带的科技金融投入对科技型中小企业技术创新的影响方向及程度有何差异？对这一系列问题的考察成为本章研究的重点。因此，本章基于2010～2017年中国中小板和创业板405家上市科技型中小企业数据，运用负二项回归模型实证分析各省（市）科技金融投入对科技型中小企业技术创新的影响，并进一步比较东、中、西部三大经济带科技金融投入对中小企业技术创新的异质性影响，以期为完善我国科技金融体系，破解科技型中小企业融资困境提供借鉴意义。

一、科技金融投入对科技型中小企业技术创新影响的研究设计

（一）理论框架

企业进行技术创新活动，往往存在从物质资本投入到技术创新成果转化的时间延迟效应和不确定性问题（张治河等，2015）。科技型中小企业普遍实力较弱，内部资金很难满足企业创新的需求，外部融资成为此类企业必须依靠的途径。金融发展理论指出，科技创新主要来源于金融，金融创新与技术创新的相互结合，对于资本积累起到积极的促进作用（Beck et al.，1999）。科技型中小企业创新时会面临较强的融资约束，而科技金融的支持作用对于缓解这一约束作用至关重要。科技金融相关机构在为企业提供贷款后会通过各种方式接入企业生产经营并起到监督约束的作用，科技金融的专业知识也会促进企业创新的成功，实现企业长足发展（李瑞晶等，2017）。根据资金来源渠道不同，可以将科技金融投入分为两大类：公共科技金融投入和市场科技金融投入。其中，政府及相关部门会通过财政科技投入等方式对科技企业的活动进行持续的资源投入，这就是公共科技金融投入；科技金融市场中有些主体会借助市场的力量，通过商业银行贷款、资本市场融资和创业风险投资等方式为科技创新成果及其转化过程助力，这就是市场科技金融。公共科技金融投入与市场科技金融投入既存在互补关系，也存在替代关系。一方面，公共科技金融投入具有指示作用。政府凭借自己的信息优势能够甄别出具有创新潜力和发展前景的科技型中小企业，通过向科技型中小企

业提供优惠政策，降低了市场主体为科技型中小企业提供融资服务的风险，有效带动市场科技金融投入；另一方面，公共科技金融投入对于市场科技金融有可能存在挤出效应。在公共科技金融投入较多的区域，财政补贴的成本更低，科技型中小企业会越发依赖于政府补贴，进而降低对高成本的商业银行贷款、资本市场融资、创业风险投资的需求。不同类型科技金融投入促进科技型中小企业技术创新的内在机理有明显差异。公共科技金融投入具有非营利性特征，主要服务于初创期科技型中小企业，较少参与企业经营管理；市场科技金融投入具有营利性特征，主要服务于成熟期科技型中小企业，直接或间接参与企业经营管理。科技金融投入对于科技型中小企业的技术创新活动的促进机理分析框架如图4-1所示。

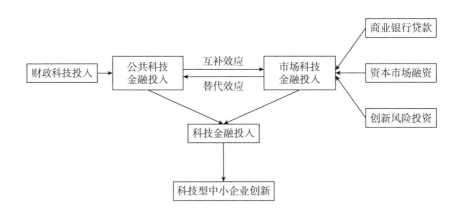

图4-1 科技金融投入对于科技型中小企业的技术创新活动的促进机理分析框架

(二) 变量定义与数据选取

1. 被解释变量

被解释变量为科技型中小企业技术创新水平。由于科技型中小企业相关数据较难获取，本章以中国中小板和创业板中有专利的上市公司作为科技型中小企业代表。借鉴 Atanassov（2015）研究方法，选择科技型中小企业的年度专利申请数量作为企业技术创新水平的衡量指标。

2. 宏观层面解释变量

宏观层面解释变量为地区科技金融投入。地区科技金融投入是指科技型中小企业所在省（市）的公共科技金融投入与市场科技金融投入状况。借鉴已有文献，公共科技金融投入选取企业所在省（市）的地方财政科学技术支出占一般预算支出比重作为衡量指标。市场科技金融投入中的商业银行贷款和资本市场融资分别选取企业所在省（市）的商业银行贷款余额和股票市场筹资额占地区 GDP 比重作为衡量指标，创业风险投资选取企业所在省（市）的创业风险投资机构数量作为衡量指标。

3. 微观层面解释变量

在考虑到数据的可得性以及已有研究的基础上，本书选取企业研发投入、净资产、净利润和经营年限作为微观层面解释变量。其中，将研发费用占营业收入比重作为企业研发投入的指标。

由于创业板的开通时间是 2010 年，因此将研究时间跨度设为 2010~2017年。有些企业在本书选定的时间范围内数据存在异常值或者财务数据缺失的情况，本书在研究时将此类企业剔除，共有 405 家来自 27 个省（市）的科技型中小企业进入样本集（中小板 262 家，创业板 143 家）。在微观层面，企业专利申请授权数、企业的净资产、净利润、研发费用占营业收入比重、经营年限等数据来源于国泰君安数据库；在宏观层面，本书在国家统计局网站上找到地方财政科学技术支出、地方财政一般预算支出数据、地区 GDP 等数据，在 Wind 数据库中收集到股票市场资金额数据，并借助《中国金融年鉴》以及《中国创业投资发展报告》获取了商业银行贷款余额数据以及创业风险投资机构数据。各变量描述性统计如表 4-1 所示。

表 4 – 1　变量描述性统计

变量名称	变量代码	变量说明	均值	标准差	最大值	最小值
企业技术创新水平	Y	企业专利申请授权数（个/年）	50.201	92.659	1561.000	1.000
企业研发投入	RD	企业研发费用占营业收入比重（%/年）	5.654	5.119	58.249	0.000
企业净资产	AS	企业资产总额 – 负债总额（亿元/年）	19.895	21.109	294.949	– 6.665
企业净利润	PR	企业税后利润（亿元/年）	1.565	5.051	66.188	– 181.843
企业年龄	YE	企业经营年限（年）	15.188	4.952	52.000	1.000
财政科技投入	GT	地方财政科学技术支出占一般预算支出比重（%/年）	3.314	1.482	6.584	0.738
商业银行贷款	MT_1	商业银行贷款余额占地区 GDP 比重（%/年）	154.263	65.778	339.527	36.337
资本市场融资	MT_2	股票市场筹资额占地区 GDP 比重（%/年）	2.672	3.248	22.238	0.020
创业风险投资	MT_3	地区创业风险投资机构数量（个/年）	130.851	138.756	531.000	0.000

二、研究方法与模型构建

为系统分析科技金融投入对科技型中小企业技术创新的影响，本章的实证分析分为三个步骤：

第一步，检验各省（市）科技金融投入对科技型中小企业技术创新的影响。以企业专利申请授权数作为被解释变量，以科技金融投入、企业研发投入、净资产、净利润和年龄作为解释变量，同时考虑到企业技术创新的累积效应，将被解释变量的滞后变量引入模型中作为解释变量，建立模型（4-1）。

$$Y_{it} = \theta_0 + \varphi Y_{i,t-1} + \alpha_1 GT_{jt} + \alpha_{2n} MT_{njt} + \theta_1 RD_{it} + \theta_2 AS_{it} + \theta_3 PR_{it} + \theta_4 YE_{it} + \varepsilon_{it},$$

$$n = 1,\ 2,\ 3 \tag{4-1}$$

式中，i 代表科技型中小企业，j 代表省份，t 代表年份，Y_{it} 代表企业专利申请授权数，$Y_{i,t-1}$ 代表企业上年专利申请授权数，GT 代表公共科技金融投入，MT 代表市场科技金融投入，n 代表市场科技金融类型，$n = 1,\ 2,\ 3$ 分别代表商业银行贷款、资本市场融资、创业风险投资。RD 代表企业研发投入，AS 代表企业净资产，PR 代表企业净利润，YE 代表企业年龄。

第二步，研究公共科技金融投入与市场科技金融投入间关系，即两者间究竟是替代效应大于互补效应，还是互补效应大于替代效应。

在模型（4-1）基础上分别引入商业银行贷款、资本市场融资、创业风险投资与财政科技投入的交叉项，构建模型（4-2）。若交叉项系数显著为正，说明公共科技金融投入与市场科技金融投入间的互补效应大于替代效应。若交叉项系数显著为负，说明公共科技金融投入与市场科技金融投入间的替代效应大于互补效应。

$$Y_{it} = \theta_0 + \theta_1 GT_{jt} + \theta_{2n} MT_{njt} + \theta_3 RD_{it} + \theta_4 Y_{i,t-1} + \theta_5 AS_{it}^{'} + \theta_6 PR_{it} + \theta_7 YE_{it} + \theta_{8n}$$

$$GT_{it} \times MT_{njt} + \varepsilon_{it},\ n = 1,\ 2,\ 3 \tag{4-2}$$

第三步，研究科技金融投入对科技型中小企业技术创新影响的地区异质性。将样本企业所在的 27 个省（市）划分为东部地区（辽宁、北京、天津、河北、山东、江苏、浙江、上海、福建、广东、广西、海南）、中部地区（黑龙江、吉林、山西、河南、湖北、安徽、湖南、江西）、西部地区（陕西、甘肃、四川、重庆、贵州、云南、新疆）三组。使用模型（4-1）进行回归，研究不同分组间差异。

鉴于模型因变量企业专利申请授权数是计数型数据，若采用常规线性回归模型易导致估计偏差，故采用泊松回归模型或负二项回归模型进行处理。使用泊松回归的前提是满足"均等分散"假定（因变量的期望与方差一致）。对因变量的描述性统计表明：因变量的方差远大于期望，即存在过度分散现象，此时应进行负二项回归。考虑到模型各自变量的量纲差异较大，易导致异方差和多重共线性，故将全部解释变量进行标准化处理。

三、实证结果分析

本章采用 Stata 15.0 软件进行实证分析，模型估计结果如表 4 - 2 至表 4 - 4 所示。

表 4 - 2　模型（4 - 1）估计结果

变量名称	系数	标准差	Z 值	P 值
$Y_{i,t-1}$	0.814 ***	0.028	29.08	0.000
GT	0.051 **	0.020	2.55	0.011
MT_1	-0.025	0.029	-0.87	0.386
MT_2	-0.058 **	0.023	-2.52	0.012
MT_3	-0.001	0.024	-0.02	0.984
RD	0.055 ***	0.017	3.19	0.000
AS	0.220 ***	0.026	8.47	0.000
PR	0.024	0.040	0.63	0.528
YE	0.015	0.017	0.90	0.370
常数项	3.570 **	0.016	223.12	0.000
Rseudo R^2	0.0804			
LR Chi^2 （9）	2186.37 ***			
Lnalpha	-0.431 **	0.027		
α	0.650 **	0.017		

注：**、***分别表示在5%、1%水平下显著。

（一）科技金融投入对科技型中小企业技术创新的影响

根据模型（4－1），以全国 405 家上市科技型中小企业为样本的模型估计结果如表 4－2 所示。其中，α 值在 5% 显著性水平上拒绝过度分散参数"α＝0"的原假设，说明使用负二项回归分析的合理性。在宏观层面，财政科技投入正向影响企业专利申请授权数且通过了 5% 的显著性检验，资本市场融资负向影响企业专利申请授权数且通过了 5% 的显著性检验。对于企业专利申请授权数量而言，商业银行贷款和创业风险投资均存在负向影响，但未能通过显著性检验。这表明公共科技金融投入增加有助于科技型中小企业技术创新水平提升，市场科技金融投入增加不利于科技型中小企业技术创新水平提升。主要原因是：目前，我国产权保护制度还不够完善。科技型中小企业从事技术创新的投资成本高、投资风险大，但投资收益却不完全归企业所有，而是存在明显的外溢性，因此追求利润最大化的商业银行、创投机构以及资本市场投资者对这类企业的投资意愿较弱，导致科技型中小企业在成长过程中面临"市场失灵"现象。政府具有提供公共服务的职能。科技创新具有明显的社会效益。科技型中小企业又是技术创新的主力军。政府通过加大财政科技投入大力扶持科技型中小企业的成长与发展，为其技术创新搭建良好平台。这表明科技型中小企业的技术创新水平提升主要得益于"有形的手"（政府），而非"无形的手"（市场）。在市场科技金融投入中，资本市场融资对科技型中小企业技术创新的阻碍作用最显著，主要原因是：长期以来，以大量散户为特征的中国资本市场投资者结构决定了"重投机、轻投资"现象的广泛存在，进一步导致上市公司股票价格与内在价值的背离。科技型中小企业从事技术创新具有投资回报周期长、风险性高等特点，很难获得偏好短期资本利得收益的投资者青睐，反而可能由于短期盈利不佳被投资者"以脚踢票"。

在微观层面，企业上年专利申请授权数、研发投入、净资产均正向影响企业专利数且通过了1%的显著性检验，即研发费用占营业收入比重高，上年专利申请授权数多、净资产规模大的企业技术创新水平更高。上年专利申请授权数和研发投入是衡量企业研发实力和研发动力的重要指标，因此研发实力强、动力足的企业，其技术创新水平越高。净资产是衡量企业内源融资实力的重要指标，因此内源融资能力越强的企业，其技术创新水平越高。

（二）公共科技金融与市场科技金融投入间的关系检验

模型（4-2）关于公共科技金融投入与市场科技金融投入间关系的检验结果如表4-3所示。其中，三个模型的 α 值均在5%显著性水平上拒绝过度分散参数" $\alpha=0$ "的原假设，说明应使用负二项回归。商业银行贷款、资本市场融资、创业风险投资与财政科技投入的交叉项系数均为负，其中仅有资本市场融资与财政科技投入的交叉项系数通过了10%的显著性检验。这表明在公共科技金融投入与市场科技金融投入的关系之间，互补效应小于替代效应。也就是说，对于科技型中小企业的技术创新来说，在区域公共科技金融投入增加的背景下，市场科技金融投入会产生明显的阻碍作用。其中，以资本市场融资与财政科技投入间的替代效应最显著。主要原因是：在科技金融系统中，公共部门与市场部门在金融投入方面竞争关系明显。在某些地区公共科技金融对于科技型中小企业的投入比较多，随着政府财政实力的增强，公共科技金融对于科技创新的重视程度也会更高，这一现象也会加剧科技型中小企业在进行外部融资时对于财政科技投入的无限依赖，这种依赖程度的增加必然会加剧市场科技金融的"被冷落"程度。这表明在科技型中小企业的技术创新过程中，"有形的手"对"无形的手"存在明显的挤出效应。

表4－3　模型（4－2）估计结果

变量名称	（1）	（2）	（3）
$Y_{i,t-1}$	0.812***	0.812***	0.814***
	（0.028）	（0.028）	（0.028）
GT	0.043**	0.040*	0.006
	（0.021）	（0.021）	（0.043）
MT_1	−0.020	−0.025	−0.027
	（0.029）	（0.029）	（0.029）
MT_2	−0.048**	−0.010	−0.050**
	（0.025）	（0.035）	（0.024）
MT_3	−0.004	−0.013	0.024
	（0.024）	（0.025）	（0.032）
RD	0.057***	0.057***	0.055***
	（0.017）	（0.017）	（0.017）
AS	0.218***	0.216***	0.222***
	（0.026）	（0.026）	（0.026）
PR	0.026	0.027	0.022
	（0.038）	（0.038）	（0.038）
YE	0.013	0.012	0.017
	（0.016）	（0.016）	（0.016）
$GT \times MT_1$	−0.028		
	（0.024）		
$GT \times MT_2$		−0.044*	
		（0.023）	
$GT \times MT_3$			−0.072
			（0.061）
常数项	3.585***	3.591***	3.594***
	（0.020）	（0.020）	（0.026）
Rseudo R^2	0.0805	0.0806	0.0805
LR Chi^2（9）	2187.79***	2190.03***	2187.75***
Lnalpha	−0.431**	−0.432**	−0.431**
	（0.027）	（0.027）	（0.027）

续表

变量名称	（1）	（2）	（3）
α	0.650**	0.649**	0.650**
	(0.017)	(0.017)	(0.017)

注：*、**、***分别表示在10%、5%、1%水平下显著。

（三）科技金融投入对科技型中小企业技术创新的地区异质性

按照东、中、西部三大经济带，对样本进行分组回归，模型估计结果如表4－4所示。其中，三个模型的α值均在5%显著性水平上拒绝过度分散参数"α=0"的原假设，说明应使用负二项回归。总体来看，科技金融对科技型中小企业技术创新的影响存在明显的地区异质性。

表4－4　地区异质性模型估计结果

变量名称	东部	中部	西部
GT	0.069***	0.072	0.154**
	(0.023)	(0.062)	(0.068)
MT_1	−0.021	−0.072*	0.036
	(0.035)	(0.039)	(0.065)
MT_2	−0.091***	−0.037	−0.041
	(0.027)	(0.053)	(0.063)
MT_3	−0.001	0.016	−0.226***
	(0.030)	(0.059)	(0.068)
RD	0.075***	0.121***	0.001
	(0.021)	(0.040)	(0.064)
$Y_{i,t-1}$	1.023***	0.591***	0.514***
	(0.043)	(0.055)	(0.107)
AS	0.203***	0.287***	0.438***
	(0.031)	(0.058)	(0.114)

续表

变量名称	东部	中部	西部
PR	0.077	−0.038	0.001
	(0.048)	(0.049)	(0.126)
YE	0.029	0.009	0.022
	(0.020)	(0.045)	(0.059)
常数项	3.629***	3.512***	3.595***
	(0.019)	(0.041)	(0.061)
样本数		342	217
Rseudo R^2	0.0850	0.0931	0.0756
LR Chi^2（9）	1859.45***	315.51***	163.19***
Lnalpha	−0.339**	−0.693**	−0.291**
	(0.029)	(0.080)	(0.092)
α	0.713**	0.500**	0.748**
	(0.021)	(0.040)	(0.069)

注：＊、＊＊、＊＊＊分别表示在10％、5％、1％水平下显著。

　　在公共科技金融投入方面，三大经济带的财政科技投入均正向影响科技型中小企业技术创新。其中，东部地区的财政科技投入通过了1％的显著性检验，西部地区的财政科技投入通过了5％的显著性检验。主要原因是：东部地区经济发达，高科技产业发展速度快，特别是北上广深等一线城市聚集了大量的科技型中小企业，其在推动地区产业升级、吸纳就业、推动经济增长方面起到了重要作用，因此地方财政实力雄厚的政府普遍重视科技型中小企业发展，在财政投入上向科技型中小企业倾斜，从而有效促进当地企业技术创新水平提升。西部地区尽管经济发展相对滞后，但近年来，政府十分重视科技创新，加大了对科技型中小企业的扶持力度从而有效促进当地企业技术创新水平提升。例如，四川省出台多个专项财政支持计划，直接扶持科技型中小企业发展。2018 年，四川省为科技型中小企业及高新技术企业减税降费 39.85 亿元。同年，陕西省为促进科技型中小企业发展，首次对科技型中小企业进行评价并纳入财政补贴范围。可见，西部地区政府通过加强财政科技投入，显著促进了当地企业技术创新水平提升。

在市场科技金融投入方面，东部地区的商业银行贷款、资本市场融资、创业风险投资对于科技型中小企业技术创新均产生负面影响，但仅有资本市场融资通过了1%的显著性检验。这主要是因为东部地区资本市场相对发达，科技型中小企业借助资本市场上市融资更加便利。然而，我国资本市场具有散户投资者众、机构投资者少的特点，使股市短期投机色彩重，长期投资色彩轻，股价常常偏离上市公司的内在价值，导致上市公司管理层缺乏加强技术创新的内在动力，因此资本市场融资反而阻碍科技型中小企业技术创新。

中部地区的商业银行贷款、资本市场融资均负向影响科技型中小企业技术创新，其中商业银行贷款通过了10%的显著性检验。主要原因是：中部地区资本市场建设相对滞后，企业仍主要依靠以商业银行贷款为主的直接融资渠道获取外部资金。但科技型中小企业具有研发周期长、投入高、风险大、缺乏有效抵押品等特征，商业银行在经营时所遵循的安全性原则往往与此不相匹配，容易遭遇信贷配给现象。因此，商业银行贷款反而阻碍科技型中小企业技术创新。值得注意的是，中部地区的创业风险投资虽然没有通过显著性检验，但正向影响科技型中小企业技术创新，主要原因是：近年来，中部地区的创投机构蓬勃发展，创投机构数量的年均增速高达17.64%。更重要的是，中部各省（市）的创投机构数量增速差异不大，没有出现类似东部地区大量创投机构向北京和江浙沪集中的现象，说明中部地区创业风险投资发展较为均衡，这对促进各省（市）科技型中小企业技术创新具有重要作用。

西部地区的商业银行贷款正向影响科技型中小企业技术创新，资本市场融资和创业风险投资负向影响科技型中小企业技术创新，其中创业风险投资通过了 1% 的显著性检验。与东中部地区商业银行贷款阻碍科技型中小企业技术创新不同，西部地区的商业银行贷款促进了科技型中小企业技术创新。主要原因是：与东中部地区科技型中小企业资金来源渠道多样的现实不同，西部地区的科技型中小企业主要依靠商业银行贷款实现外源融资。因此，地区商业银行贷款规模越大，对科技型中小企业技术创新的促进作用就越大。值得注意的是，与东中部地区相比，仅有西部地区的创业风险投资通过了显著性检验。主要原因是：西部地区不仅创投机构数量少，而且增速缓慢，因此科技型中小企业几乎很少得到来自创投机构的资金支持，这表明西部地区相对滞后的创业风险投资已经成为科技型中小企业技术创新的重要"瓶颈"因素。

四、实证研究结论

（一）研究结论

本章以中国中小板和创业板 405 家上市科技型中小企业为研究对象，运用负二项回归模型实证分析科技金融投入对科技型中小企业技术创新的影响。结果表明：

第一，在宏观层面，公共科技金融投入增加有助于科技型中小企业技术创新水平提升，市场科技金融投入增加不利于科技型中小企业技术创新水平提升。在市场科技金融投入中，资本市场融资对科技型中小企业技术创新的阻碍作用最显著。在微观层面，研发费用占营业收入比重高，上年专利申请授权数多、净资产规模大的科技型中小企业技术创新水平更高。

第二，公共科技金融投入与市场科技金融投入间的替代效应大于互补效应，即对于科技型中小企业技术创新活动而言，随着区域公共科技金融投入的增加，市场科技金融投入会随之产生一定的负向影响。其中，以资本市场融资与资财政科技投入间的替代效应最显著。

第三，科技金融对科技型中小企业技术创新的影响存在明显的地区异质性。在公共科技金融投入方面，"东、中、西"三大经济带的财政科技投入对于科技型中小企业技术创新均产生了积极的促进作用。其中，东部地区和西部地区的财政科技投入显著促进科技型中小企业技术创新。在市场科技金融投入方面，东部地区和中部地区的商业银行贷款均负向影响科技型中小企业技术创新，其中，中部地区的商业银行贷款显著阻碍科技型中小企业技术创新。西部地区的商业银行贷款正向影响科技型中小企业技术创新；东、中、西部的资本市场融资均负向影响科技型中小企业技术创新，其中东部地区的资本市场融资显著阻碍科技型中小企业技术创新；东部地区和西部地区的创业风险投资均负向影响科技型中小企业技术创新，其中西部地区的创业风险投资显著阻碍科技型中小企业技术创新，中部地区的创业风险投资正向影响科技型中小企业技术创新。

（二）政策建议

第一，当前，我国公共科技金融对市场科技金融形成"挤出"效应，从而抑制了市场科技金融在促进科技型中小企业技术创新方面的作用。根据企业发展阶段的不同，在公共科技金融与市场科技金融两者之间进行有效的平衡，保证企业能够寻求更适合自身发展的金融供给方，更好地促进企业自身的创新发展。公共科技金融应更多地实现补给的作用，针对在市场科技金融方面面临明显劣势或者急需政府扶持的产业给予高度关注，更多的时候将科技金融的获利主体更多地放在市场科技金融方面，用市场的力量带动整个系统的有序发展。

第二，不同地区科技金融发展的短板各有侧重，东部地区科技金融发展的最大短板是资本市场融资，中部地区科技金融发展的最大短板是商业银行贷款，西部地区科技金融发展的最大短板是创业风险投资。因此，针对不同地区科技金融发展短板，在制定科技金融政策时要考虑差异性，提升科技金融效率，为科技型中小企业长期高质量技术创新提供良好平台。

第三，地区之间也应该加强在科技金融体系建设以及促进地区科技创新发展等方面的经验交流乃至相互合作。东部发达地区的经验可以为其他地区所借鉴，各地区也应该更关注自身的实际情况。加强跨地区合作交流，创造协同创新的新局面，更好地促进我国经济发展。

第四，科技金融各主体之间信息交流不通畅，政府应推动建立完善的信息交互平台，为科技金融的各主体方提供准时有效的信息，促进各主体之间的交流合作，加强系统运作的效率。平台的建设需要相关各主体方的参与，将有关信息积极地发布在平台上，政府等部门也需要对相关主体方入驻平台的资质以及信息的准确性进行评估，维护系统的有效运行。

第五章　山西省科技金融与科技型中小企业创新研究

　　曾长久蒙受"资源诅咒"的山西省正在寻求转型之路，并承担着全国转型综改示范的战略重任。"十四五"时期，山西省明确了打造一流创新生态等战略规划目标，亟须发挥科技金融的力量，急待提升科技型中小企业创新效能。立足山西省，重点以山西省综改区为背景，分析科技金融与科技型中小企业创新的地方实践，提出相应构想与对策建议，实现整个山西省科技金融环境的良性循环与科技金融各方主体的协作运行，把科技金融与科技型中小企业创新的互动从前述的理论层面延绵至实践层面，也超越了许多研究只注重单一方面的缺陷，也更符合科学研究为地方经济服务的意义。

一、山西省科技金融发展环境分析

　　科技金融环境，包括政策、社会、经济、法律、资源、体制等环境要素。一方面，科技金融发展环境会对科技金融运行效率以及效果产生重要影响，进而影响科技型中小企业的创新发展；另一方面，良好的科技金融环境可以提高科技型中小企业和金融机构之间的信任度，有利于解决科技金融市场中有关信息不对称导致的问题，有效降低科技金融风险，增强科技与金融的聚合度。

党的十九大报告中明确提出，建设创新型国家这一任务必须加快推进，明确"创新是发展的首要动力，是现代化经济建设体系的战略支点"。"十三五"时期，在全国日益重视科技金融的政策导向以及地方经济转型需要的强烈推动下，山西省的科技金融发展环境日趋向好。2021年，山西省发布"十四五"规划，重点强调用好"先行先试"的"尚方宝剑"，率先构筑全面转型新体制，"牢固树立金融服务山西、服务转型、服务实体经济的理念"，并进行了党的十四大战略性新型产业集群的布局，充分调动科技型中小企业的活力。

根据相关文献，选择政策环境、法律环境、经济环境、诚信环境、科技资源环境、金融环境等作为山西省科技金融环境分析的要素（见图5-1）。

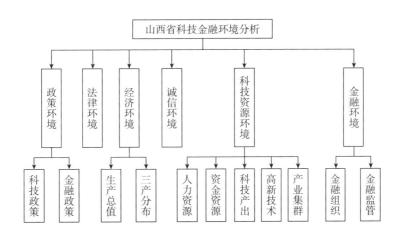

图5-1　山西省科技金融发展环境分析结构

（一）政策环境

1. 科技政策环境

2006 年，国务院发布《实施〈国家中长期科学和技术发展规划纲要2006—2020)〉的若干配套政策》，针对金融对于科技创新的扶持问题，文件中提出了七条扶持政策，把科技和金融的结合发展推向了国家层面。2011年，为了全面贯彻落实党的十七大会议精神，加快实施《国家中长期科学和技术发展规划纲要（2006—2020)》，促进科技创新发展战略，鼓励大众创业，全面落实全国科技创新大会的会议精神，加快推进科技和金融的融合，科技部、人民银行、银监会、证监会和保监会联合发布的《关于印发促进科技和金融结合试点实施方案的通知》文件，确定了 16 个地区成为国家的首批科技与金融结合的示范地区。通过国家整体规划引导相关服务机构及科技中小企业可以获得、吸引科技投入资金。在这样的国家政策实施环境下，山西省为了促进科技与金融结合更加平稳和协调发展，也出台了许多政策性文件。2015 年，山西省委、省政府出台了《山西科技创新城平台管理暂行办法》，提出要积极推动科技创新城建设科技资源、创业孵化、科技金融三大公共科技服务平台。同年出台了《山西科技创新城促进科技成果转化暂行办法》，文件指出要切实提高山西省科技创新成果的转化速度和质量。2016 年，山西省出台了《山西科技创新城高端人才支持暂行办法》，支持山西科技创新城打造人才管理改革试验区和人才高地。上述文件旨在为科技金融创业投资提供新的发展方向。在政府提供资金，引导山西省科技金融投资发展的前提下，引入其他省市区域的创业投资，推进山西省科技型中小企业的科技创新发展。2017 年，山西省政府为促进发展动能向创新驱动转变，印发了《山西省支持科技创新的若干政策》，在引导企业加大研发投入、开展重大关键技术攻关、支持科技成果转化产业化等方面制定 24 项具体政策，以真金白银促创新；之后，认真贯彻落实该政策成为各相关部门的重中之重。2019年，省委经济工作会议明确提出"四为四高两同步"的总体思路和要求；2020年，"创新为上"为山西省转型发展再次奠定"科技硬核"基调；2021年，"十四五"规划蓝图发布，集中发展14个战略性新兴产业集群，加大力度推动各类创新平台建设重大工程，明确把科技创新作为转型发展的强力战略支撑。

2. 金融政策环境

山西省有关金融政策研讨与文件发布越来越多。2017年，基于中共中央、国务院《关于服务实体经济防控金融风险深化金融改革的若干意见》（中发〔2017〕23号）提出"发展完善科技金融"的背景，山西省制定了《关于促进股权投资类企业发展的意见》《山西省关于贯彻落实国家创新驱动发展战略纲要的实施方案》《山西省科技金融创新发展专项管理办法》等十余项支持山西发展科技金融的政策，政策涵盖了科技金融发展过程中的方方面面，这使科技型产业的产业优势转化到资本层面，通过建立科技金融服务体系，将金融与科技结合，从而推进了银行、创业投资机构、科技技术和知识产权登记交易机构等科技金融服务机构在山西省内的发展，在提高了其服务实体经济能力的同时，进而提升了科技型企业创新能力，奠定了科技创新驱动发展的基础。2018年，山西省人民政府发布了《关于进一步深化小微企业金融服务缓解融资难融资贵的意见》，文件强调要缓解中小企业融资难融资贵的工作，努力加强组织领导和统筹协调，结合工作实际需求，严格按照工作职责分工合作，研究制定具体落实方案和措施，确保缓解科技型中小企业融资难、融资贵的各项政策措施落到实处。同年，科技金融创新发展研讨会在山西省高新技术创业中心召开，主要是为了促进科技与金融深度融合，进一步加强科技型中小企业科技创新程度，解决山西省科技型中小企业资金短缺、融资难的问题，鼓励和引导山西省科技型中小企业与投融资机构衔接，为接下来在山西省科技金融领域开展相关工作起到了积极的作用。

2019 年以后，金融政策多围绕科技成果权属改革、科技成果转化收益分配、加大科技成果源头供给、促进技术转移、调动和激励科技人员创新创业、加强成果转化中介服务、开展科技金融以及创造科技成果转移转化良好环境等方面，极大地改善了山西省金融政策环境，对于科技金融机构提供的服务，起到了巨大的水平推动作用。各级政府积极推动对于融资性担保机构的监管，在政策扶持方面不断加大力度，努力改善外部环境，切实增强融资性担保机构的实力以及为其他科技金融主体提供担保的能力，保证融资性担保行业的平稳运行以及长期发展，有效缓解中小型科技创新企业融资的困难，促进山西省经济又好又快发展。

（二）法律环境

虽然近年来山西省有关科技金融的立法环境有较大的改善，但是山西省的融资方式大多数采用的是间接融资方式，山西省内绝大部分企业的资产负债问题比较严重，在经济转型过程中出现企业逃避金融债务、金融债权维护难等问题，山西省在金融机构追回债务方面缺乏相应的制度。近几年来，山西省内有关金融机构维权的胜诉概率有上升的趋势，但是在实际执行过程中，胜诉的机构获得补偿的执行率却不高。科技金融环境运行过程缺乏法律强制执行力，债权维护力度不足，与征信体系有关法律的条文也不是很健全，企业缺乏诚信意识。除此之外，政府缺乏激励和惩戒的相关措施，存在政策出台不及时、政府投入力度不足、执行效果低下等问题，导致企业在科技金融运行过程中的风险性加大，融资困难，运行成本增加，无法保障科技金融的平稳运行，不利于科技金融企业的发展。

知识产权作为提升区域核心竞争力、维护区域利益和经济安全的战略性武器，在山西省经济发展和科技进步中的地位不断增强，但是山西省作为中部欠发达地区，知识产权保护起步晚、范围小、力度弱，虽然近年来加强了知识产权保护的立法和执法力度，但与其他地区相比知识产权保护水平仍然落后，差距较大。

（三）经济环境

经济环境直接关系到科技金融的发展水平，因为经济环境影响科技型中小企业生存发展生命全周期，再加上政府宏观经济调控，它可以很大程度上影响科技金融市场。在微观层面，企业与个人都是科技金融市场的组成部分，微观个体发展越好，金融市场环境就会越优越，科技金融的运行也会更加平稳。

1. 经济整体运行

2020 年，面对错综复杂的国内外环境与"新冠"肺炎疫情的严重冲击，山西省主要经济指标基本实现"正增长指标增幅高于全国，负增长指标降幅低于全国"，全省 GDP 增长 3.6%。之前，2019 年 GDP 为 17026.7 亿元，全国大陆省级地区排名 21，占全国 GDP 比重的 1.7%，同 2018 年环比增加 9.6%，全省人均 GDP 实现 45724 元，同 2018 年相比增加了 8.7%。2019 年，山西省规模以上企业利润总额 1184 亿元，比 2018 年下降了 13.1%；2018 年规模以上工业企业实现利润 1287.8 亿元，增长 41.9%，增速快于全国的 30.1 个百分点。[①] 透视两个年份明显波动的背后，既有全国大环境的影响，又有山西省仍未摆脱资源型发展特色的深层原因。

2. 产业结构

产业结构对经济发展会产生重要的影响，进而影响科技金融发展状况。对于山西省而言，中华人民共和国成立以来长久作为全国能源重化工基地进行重点建设而形成的资源型主业产业结构并没有彻底改观，缺乏多元支柱体

---

① 《2019 年山西省统计年鉴》。

系。从连续五年的三大产业产值看，整体结构渐趋改观；但结构发展并不均衡，第二产业仍以传统为主，优势不突出；第三产业占比增强，但是多数以传统的物流和服务业为主，不能与当前工业服务的金融、通信和信息产业相契合，发展滞后，造成消费品的生产过剩和服务产品不能适应山西省经济发展的质量和速度，不仅不符合产业升级的历史发展规律，也不利于山西省产业结构的升级和优化（见图5-2）。

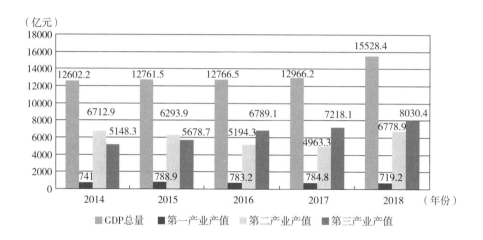

图 5-2　山西省近五年三大产业产值

资料来源：《山西省统计年鉴》（2017～2018 年）。

3. 诚信环境

诚信环境的良好发展能够减少科技金融的交易成本，保证科技金融活动顺畅运行；诚信环境本身又是多层次的。政策方面，关于社会诚信，为贯彻落实《国务院关于建立完善守信联合激励和失信联合惩戒制度加快推进社会诚信建设的指导意见》（国发〔2016〕33 号），建立完善山西省守信联合激励和失信联合惩戒制度，加快推进社会信用体系建设，2017 年《山西省建立完善守信联合激励和失信联合惩戒制度加快推进社会诚信建设实施方案》发布，明确健全褒扬和激励诚信行为机制，健全约束和惩戒失信行为机制，构建守信联合激励和失信联合惩戒协同机制等实践操作内容。同年，围绕"推进建设社会信用体系"的重点，推进省信用信息共享平台和信用山西网站建设，累计归集全省信用信息4062多万条，在国家相关部门组织的观摩培训班上表现优异，获得了一体化建设特色性平台网站的称号①。山西省率先完成法人和非法人组织、个体工商户统一社会信用代码转换，积极开展行政许可、行政处罚信息网上公开，积极参与全国信用信息共享平台和"信用中国"网站建设，各项工作取得了积极成就。关于科研诚信，2019年多部门联合发文《关于进一步加强科研诚信建设的实施意见》，2020年，中共山西省委人才工作领导小组印发了《山西省加强领导干部科研诚信建设的若干举措》，围绕实施创新驱动战略和打造一流创新生态目标，从建立责任清单、负面清单、承诺制度、联动监督机制、联合惩戒机制五个方面，对加强领导干部科研诚信建设进行制度规范。

对相关信用数据进行分析，商业银行不良贷款率是比较合理的指标，可以评估山西省科技金融诚信环境发展情况。2016年，不良贷款率为4.5%，2017年，山西省银行业不良贷款率为3.5%，不良贷款率呈现下降趋势，但是高于全国水平。总体来看，山西省的信贷风险相对较高，很多银行对山西省企业贷款授信授权进行严格把控；信用市场不规范，缺乏相关的运行机制，评价标准不统一，征信队伍的专业性也有待加强，同时，山西省信用信息比较封闭，对诚信体系的建设仍然缺乏统一规划，会造成人力、财力的浪费。

征信体系、信息共享不健全的问题，直接造成科技型中小企业与提供融资服务的金融机构之间信息沟通不畅，造成了科技型中小企业严重的融资约

---

① 王仁祥，杨曼. 制度环境、基础设施与"科技—金融"系统效率改善［J］. 科学学研究，2017，35（9）：1313-1319.

束,进一步限制了企业的投入和创新能力。另外,由于信用风险影响了整体投资环境,降低了资金流入的吸引力,进一步增加了科技金融市场风险,从而影响了科技金融活动的效率。

(四) 科技资源环境

从连续五年的山西省 R&D 人员分布来看(见图 5 – 3),科研机构 R&D 人员和企业科学研究人员整体变化趋势不大,R&D 人员全时当量总体有所递减。近年来,山西省整体落实用人主体的自主权利,对机关事业单位中的人才组成以及招聘结构进行改革调整,赋予用人单位更多主体自主权,对于逐步取消机关事业单位中存在的"控编进人卡"和"进人计划卡"制度,以指导代替指令,以总体的事后监督管理代替事无巨细的事前介入,不断完善科技型人才引进工作机制。

图 5 – 3 山西省近五年研发人员分布情况

资料来源:《山西省科技统计年鉴》(2018 年)。

从 2017 年开始,山西省加快了各类人才的省级政策制定和执行力度,包括公务员录用、事业单位专项招聘、特设岗位设置管理、科研项目经费和科技活动经费管理等的人才管理政策，包括教学科研人员因公出国、科技创新和成果转化奖励、市县人才储备金奖励等的人才培养政策，包括高精尖人才引进财政补助政策、外国人才引进政策、引进人才住房保障政策等在内的人才引进政策，职称评聘等人才评价政策，包括收入分配激励、科技创新支持政策、科技成果转化奖励等在内的人才激励政策，逐步形成具有独特优势的山西省人才政策体系。各类人才专项发展资金的设立，对于提高高水平人才的引进数量，优化企业和院校人才结构起到了很大作用。

1. 资金资源投入情况

连续五年的企业研发经费投入，如图 5－4 所示。行业的研发经费整体趋势逐年递增，尤其外资企业研发经费增长率较高，部分反映了山西省招商引资的收获；但是合资企业的研发经费增长速率偏低，呈现下降趋势；私营企业的研发经费占总的研发投入资金比重最大，增长速率较快。总体分析，山西省企业用于研发费用的增长率不断升高（见图 5－4）。

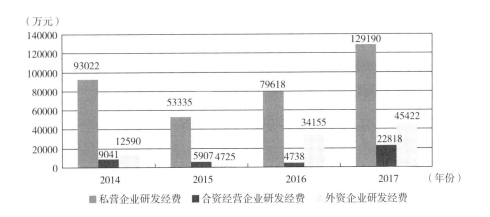

图 5－4　山西省企业研发经费支出情况

注：企业研发经费支出只更新至 2017 年。

资料来源：《山西省统计年鉴》（2019 年）。

针对创新经费投入问题，山西省正在建立完善竞争性与稳定性相结合的投入机制，在科研项目立项、评审、验收的过程中介入管理，切实提高科学化水平。在创新经费方面，高校、科研院所将会获得更大的自主权，可以根据自身项目需要在预算、支出结构、设备采购、差旅会议等方面进行调整。对横向经费和纵向经费进行采取不同的审计方法，科研人员劳务费开支不再设置比例限制。哲学社会科学研究成果在项目后期会受到相关的后期资助和事后奖励。比照科技企业的创新活动，鼓励科研项目牵头人（单位）首先进行自主融资，政府给予全额担保的保险贴息，并且在创新过程中采取科研成果收益偿还与政府宽容失败、共担风险政策相结合的新机制。

2. 科技创新产出情况

山西省在万人科技论文数、获国家级科技成果奖系数及万人发明专利拥有量方面呈稳定状态，整体呈现上升的趋势（见表5-1）。从专利申请授权数来看，近几年呈现上升趋势，但是专利受理比例并不高。而且，与国内其他省份相比，山西省专利授权数排名比较靠后，受理专利的整体质量水平不高。

表5-1　山西省科技创新产出结果

年份	万人科技论文数（篇）	获国家级科技成果奖数（项）	万人发明专利拥有量（件）	专利受理数（件）	专利授权数（件）
2014	1.540	1.120	1.470	15687	8371
2015	1.870	1.770	2.270	14948	10020
2016	1.790	1.280	2.770	20031	10062
2017	1.870	1.070	2.270	20697	11311

资料来源：《山西省科技统计年鉴》（2018年）。

技术市场成交额是衡量科技创新产出的重要指标。尽管山西省的技术市场交易成交额在 2014 年和 2016 年有所下降，总体仍呈增长态势，从 2005 年的 4.798 亿元增长到 2017 年的 94.15 亿元，年均涨幅 28.15%，这一数据比全国范围内的技术市场成交额年均涨幅还高，总体表现良好。但技术市场成交额在全国的占比呈现波动状态，虽然在 2013 年和 2017 年有小幅增长，但是总体增长的趋势不够明显，占全国的比重也仅为 0.7%（见图 5 - 5）。

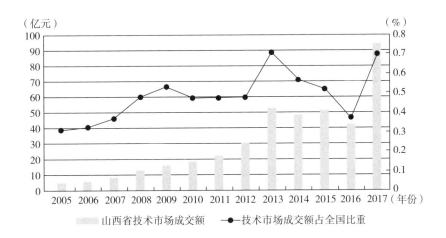

图 5 - 5　山西省技术市场成交额及其占比

资料来源：《中国统计年鉴》（2006～2018 年）。

3. 高新技术企业和科技型中小企业情况

山西省高新技术企业近半数集中在三大国家级开发区——太原高新区、长治高新区和大同开发区，其余分布于山西省各地级市；太原市和太原高新区的高新技术企业数量占山西省高新技术企业总数的半数还多。在高新技术企业数量方面，对比其他地级市，如运城市和晋中市的优势明显。各地区的高新技术企业数量与区域本身的特质息息相关，如科技创新资源分布、产业结构、地区经济发展水平等。

2019 年山西省高新技术企业认定 1224 家，全省有效期内高新技术企业数量达到 2501 家，同比增长 53.44%。涉及领域主要集中在先进制造与自动化技术、电子信息技术和新材料技术领域，达全部总数的 2/3 之多①。其中，进一步分析可以看出，山西省过往的资源型发展模式依旧影响着现在的科技资源分配发展，先进制造与自动化技术多与煤矿开采、煤和电产品利用等资源综合利用相关，而电子信息领域在创新运营中侧重于传感器以及煤矿开采平台为资源服务的产品开发，山西省高新技术企业中 1/3 以上乃至 1/2 的企业都在研究综合利用开发项目和服务。

自 2017 年开始，山西省科技厅积极推进科技型中小企业的评价工作。2017 年公示了山西省拟入库的 624 家科技型中小企业名单，2018 年分 13 批公示了入库的 2669 家科技型中小企业名单，2019 年分 12 批公示了入库的 4595 家科技型中小企业，2020 年分 11 批公示了入库的 10151 家科技型中小企业，截至 2021 年 4 月 20 日，2021 年第一批公示了入库的 2002 家科技型中小企业名单②。虽然增速明显，但仅处于全国的中等水平，与中部六省相比也处于落后地位，拥有核心技术与知识产权的企业更是少之又少。山西省科技型中小企业"短、平、快"的思维方式以及科技型中小企业的规模普遍较小等因素都不利于其壮大发展。

4. 产业集群分布情况

山西省立足转型实际，提出实施非均衡发展战略，重点打造战略性新兴产业集群，同时推动传统产业高端化、智能化、绿色化，培育壮大转型发展新动能。根据省政府发布的《山西省国民经济和社会发展第十四个五年规划和 2035 年远景目标纲要》，文件指出努力在有创新性、超前性、先导性、引领性和基础性的产业领域打造产业集群，重点支持 14 个战略性新兴产业集群

---

① 资料来源：《山西日报》，2020－05－04。

② 《山西省——科技型中小企业服务》，http://www.innofund.gov.cn/zxqyfw/c101146/ejlist_2.shtml。

发展，为构建支撑高质量转型发展的现代产业体系奠定坚实基础。创新产业集群的出现使企业间的资金和人才出现溢出效应，可以极大地促进集群企业自身的创新发展。14 个战略性新兴产业，可以分为支柱型、支撑型和潜力型三种类型，按照不同侧重点进行精准培育。支柱型新兴产业包括半导体产业、大数据产业、碳基新材料产业。支撑型新兴产业包括光电产业、特种金属材料、先进轨道交通、煤机智能制造产业和节能环保产业。同时，全力培育潜力型新兴产业，布局了以生物基新材料、通用航空产业、智能网联新能源汽车产业、光伏产业、现代生物医药和大健康产业为培育重点，促进新能源汽车规模化，重点发展原料药及制剂、中成药、新特药、药食同源产品等[①]。

目前，山西省的传统优势产业集群，仍然以煤炭重化工为主，包括焦化产业集群、钢铁产业集群、铝镁产业链条，正在坚持高端化、智能化、绿色化发展方向，持续推进产能置换升级改造项目建设，提升工艺装备水平和产业集中度。地方特色的产业集群主要有吕梁、阳泉耐火黏土产业集群，忻州、朔州高岭土产业集群，晋城、朔州建筑陶瓷产业集群，晋中、大同碳素产业集群以及吕梁玻璃产业集群。白酒、食醋、纺织、陶瓷、玻璃器皿等特色产业有很多老字号品牌，顺应消费升级趋势，加快推动品牌化、智能化发展，是当前的发展方向。"淘汰低端、提升中端、发展高端"是山西省产业集群构建的基本原则。逐步打造传统产业的绿色生产，培养产品、加工厂、园区和供应链的绿色化发展。

（五）金融管理体制

1. 金融组织结构

近年来，全国性商业银行、证券公司、保险公司以及期货公司的分支机

---

①　山西省人民政府官网，http：//www.shanxi.gov.cn/yw/sxyw/201804/t20180414_407114.shtml。

构纷纷落户山西省，在各地市和区县布局网点。直接融资力度加大，推动山西省企业综合运用公司债、企业债、非金融企业债等融资工具融取低成本资金。2019 年，山西省企业累计发行信用债 4281.04 亿元，在内地省份中排名第 17 位；截至 2019 年末，山西省企业的信用债存量为 1.04 万亿元，排名第 22 位。上述排名在地方国资监管企业占比较大的 8 个省份中处于上游水平，在全国各省份中居于中间位置，较有代表性。

山西省债权人委员会作用得到加强，根据"一企一策"帮扶重点企业，引导各金融机构采取一致行动，对技术设备先进、产品有竞争力、有市场、虽暂遇困难但经过深化改革和加强内部管理仍能恢复市场竞争力的企业，不随意停贷、抽贷，有序开展债务重组等相关工作。截至 2019 年 12 月末，全省累计组建债权人委员会 200 多家，授信总额 1.74 万亿元，贷款总额 1.08 万亿元。

金融主体数量和种类的多样化也有提升。稳定农村信用社县域法人地位，推进产权制度改革，2020 年底，农村信用社全部改制为农村商业银行；增设村镇银行，同时完成太原农商行改制。山西省本土的晋商银行已早于 2017 年完成了银行的股份制变更。2017 年 7 月，山西省国有资本投资运营有限公司正式成立，负责国有资本和国有股权的投资运营，推动省属企业转型发展。在其统筹布局下，2020 年，省属企业集团数量从 28 家重组至 19 家，煤炭企业从 7 家重组至 1 家煤炭企业和 1 家能源集团，晋能控股集团煤炭产能达 4 万亿吨，居全球第二。① 此外，近年来，产业基金在山西大量涌现，以产业基金的方式实施市场化债转股，置换企业高息债务，有效降低了企业资产负债率。

2. 金融监管体系

为了强化金融业对科技经济发展环境的作用力，以降低融资风险为前提，

---

① Wind 数据库统计。

在中国人民银行、山西省银保监局的协作下，山西省监管体系进一步优化，加大对相关机构如小额贷款、融资担保、融资租赁、保险业务相关的公司，包括各种交易场所、资管公司等的监管程度。2018 年机构改革，重组成立了山西省地方金融监督管理局，统筹布局地方金融改革方案。相关行业部门能统筹科技金融产业发展，强化治理全行业监管服务，把引导社会力量进入科技金融作为重点工作，着力加强事中事后金融监管，总结行业内部成功经验和案例，制订推广方案，充分利用广播电视、平面媒体及互联网等新媒体技术，积极宣传社会资本投入科技金融行业，打造履行社会责任的先进典型，提升科技金融的认可度，逐步提高全省金融市场的发展环境。

二、山西省科技金融的运行现状

在促进经济发展的现代社会生产力中，科技与金融作为不可忽视的力量，两者结合不可能显示一成不变的静态，而是随着大环境变化呈现出动态演变。山西省地处中部地区，且一直未脱离资源带动经济的发展模式。分析科技金融运行现状，为科技金融运行平台建设提供分析基础，有助于保障科技、金融资源以及资本市场有效结合，最终有效缓解科技型中小企业的融资问题，加快实现企业创新成果转化，助力经济转型升级。

（一）运行环境进一步优化

宏观环境层面，自党的十八大召开以来，党中央、国务院以及社会各界对于科技金融的发展给予了高度的关注。2012 年，党中央《关于深化科技体制改革加快国家创新体系建设的意见》（中发〔2012〕6 号）指出："促进科技和金融结合，创新金融服务科技的方式和途径。"2014 年，国务院印发《关于深化中央财政科技计划（专项、基金等）管理改革方案的通知》（国发〔2014〕64 号），提出"促进科技和金融结合，推动符合科技创新特点的金融产品创新"。2017 年全国第五次金融工作会后，中共中央、国务院《关于服务实体经济防控金融风险深化金融改革的若干意见》（中发〔2017〕23 号）提出"发展完善科技金融"，并明确了科技金融重点发展领域。山西省为响应党和国家的号召制定了《关于促进股权投资类企业发展的意见》《山西省关于贯彻落实国家创新驱动发展战略纲要的实施方案》《山西省科技金融创新发展专项管理办法》等十余项支持山西发展科技金融的政策，政策涵盖了科技金融发展过程中的方方面面，这使科技型产业的产业优势转化到资本层面，通过建立科技金融服务体系，将金融与科技结合，从而推进了银行、创业投资机构、科技技术和知识产权登记交易机构等科技金融服务机构在山西省内的发展，在提高了其服务实体经济能力的同时，进而提升了科技型企业的创新能力，奠定了科技创新驱动发展的基础。

（二）金融机构和金融产品持续创新

近年来，股权投资公司、中小企业融资担保公司、小额贷款公司等在山西省快速增长；天使投资基金、科技创业投资基金等针对企业不同发展阶段提供精准金融服务。金融机构和金融产品在科技型中小企业集中的高新区更是各显特色，比如在太原高新区，尧都农商行率先入住后专门开设太原小微企业专营支行，开发了微贷业务系统，在引进国外先进微贷技术的基础上，自主研发了"创业梦"系列小微信贷产品，支持小微企业，发放贷款。金融平台建设也得到迅速发展，上线高新普惠众筹平台；与晋商银行、国开银行、平安银行、渤海银行、山西省农信社等多家银行建立了战略合作关系；与光大证券股份有限公司签订战略合作协议，将合作设立百亿级的建设基金和产业基金，打造百亿级的资本投资平台。

2014 年开始，山西成为中小企业私募债试点地区，这为山西中小企业，特别是未上市的中小企业提供了新的融资途径。从债券发行主体、债券计息方式、债股转换、增信措施等方面迎合不同企业的融资需求，企业可以根据自身需要灵活选择。

（三）金融服务体系不断完善

山西省科技厅、中国证监会山西监管局、各金融机构及相关部门之间的合作在日渐加强，专家与企业的交流对接得到强化，政府和企业间的沟通渠道增多增强。以太原高新区为例管窥一豹，高新区管理委员会为推动区内企业快速发展，高效服务企业，多次组织与区内企业进行交流对接，主要针对融资、上市、专利和科技金融相关政策为企业答疑解惑。成立山西省高新股权服务中心，成功对接省内各高新区的股权服务平台和资本市场平台，使高新区内企业可以充分利用融资担保、小额贷款、科技基金、网络众筹、天使投资等金融服务工具，获得快速便捷的融资服务渠道，得到有效的金融支持，真正解决企业融资的后顾之忧。

三、构建山西省科技金融服务平台的必要性

在网络时代的背景下，科技金融服务平台是作为一种线上服务的平台工具而出现的。平台可以通过聚集、整合、优化资源信息来为科技金融各主体方提供信息共享以及资源对接的服务，且为科技金融主体提供服务时相较单个服务商会更为全面。从申请项目直至签约，平台都可以从资源对接、信息

沟通等方面为融资双方提供有效的对接服务，借助平台帮助，科技企业可以快速获取资金破解融资困境，提高自身创新成果的转化率。山西省科技金融作为后起之秀，既要规避国内已有科技金融服务平台的共性问题，也要清楚认识到自身存在的缺陷，结合国家科技金融发展战略以及本省省情，打造真正能够服务全省、面向全国的科技金融服务平台。

（一）现有平台的运行现状及存在的问题

山西省科技金融的发展状况整体向好，但通过分析山西省现有科技金融服务平台的运行模式，并将其与发达地区科技金融服务平台做比较，可以发现山西省科技金融服务平台存在以下问题：

（1）金融服务产品品种单一。如研发公共服务平台只提供单一的创业孵化服务，对于其他组成部分不予关注更不提供相关服务。

（2）金融资源覆盖狭窄，对于自身已有资源的依赖性较强，平台具有较强的地域性，外延性表现不够。省科技金融服务平台的科技项目只局限于省内和国家级项目，如"省成果转化资金项目""省创新资金项目""国家创新基金项目"，对于其他地区的项目关注度较低。

（3）流程覆盖面窄。平台只提供信息，对于从信息发布、供求双方接洽、调查、合约签订的整个流程的服务比较缺乏，在融资主体方合同签订以后的服务协调更是缺乏。如山西省科技金融服务平台只提供信息发布和查找的功能，没有相关的流程化服务，"一站式"管理也比较缺乏。

（4）现有平台对于融资需求结构差别较大的企业不同生命周期的研究较少，如处于种子期和初创期的企业与风险投资的匹配度更高，而企业相对成熟以后就可以采用主板市场来进行融资。科技金融平台需要对融资产品进行分类，以便于处于不同生命阶段的企业可以匹配到更为合适的融资产品。

（5）现有科技金融服务平台未设计出清晰的商业模式，运营成本主要来自政府补贴，不具有自我生存能力。

（二）构建山西省科技金融服务平台的现实意义

建设功能完善且为山西省提供专门服务的科技金融服务平台，不仅能够加速转变目前山西省经济发展方式，而且对于山西省科技金融的快速高质量运营也将起到推动作用。

1. 科技金融服务平台满足山西省实现经济转型的需求

山西省建设科技金融服务平台，可以促进山西省经济结构转型升级，在助力解决企业融资困境的同时促进新技术、新产品出现，保障创新驱动战略稳步实施。一方面，借助科技金融服务平台，政府与银行、投资、证券、基金、担保、行业协会以及中介结构、企业等多方力量的协作会增强，各方积极性均会得到显著提升；另一方面，在多方协作建立科技金融交易平台的过程中，政府与市场对科技型中小企业的支持可以更高效率、更高质量。

2. 构建科技金融服务平台满足完善的科技金融服务体系的需求

山西省科技金融发展本身起步较晚，加之省内传统经济模式的限制，使科技金融发展及服务体系建设一直没有得到足够重视。限于目前经济发展转型的需求，科技金融体系中资本运营服务体系、创新服务体系、公共服务平台等相互配合形成了在层级分明、维度统一的整体模式。科技金融服务体系在划分时又可以分为主体分布型和目标需求型，山西省在建设时应将自身特征纳入考虑范围，选择更适合的系统体系。

构建适用于山西省的科技金融服务平台，以平台的功能来对接科技与金融资源，满足现阶段科技金融体系的需求，为后续科技金融在山西省的发展奠定良好的基础。首先，科技金融服务平台的构建能够聚合金融政策支持，突出科技金融核心价值，抛弃原有的资金资源不集聚、封闭、垄断和分配现状，将体系内的所有资源实现共享，充分利用社会资本，进一步激发政府、企业以及金融机构等探索与制定符合科技金融平台运行特点的管理机制、法律法规以及规章制度等，促进体系健康运行，扩大资源共享范围，从而填补科技金融服务体系在政策及规制上的空缺。其次，科技金融服务平台能够针对科技型中小企业发展的不同阶段提供有针对性的服务。在发挥政府主导角色和市场中介连接功能下，科技型中小企业在初创期、成长期、成熟期等各个阶段所面临的融资层次与需求表现不同，在政府主导以及市场中介作用下，天使投资、债券融资、股权融资、上市融资等可以分别针对企业不同的融资需求提供服务，高效地解决企业的融资困境，也能够对于科技金融服务体系功能定位给予补充。

四、山西省科技金融服务平台的建设构想

前述提及，科技金融是促进科技开发、成果转化和高新技术产业发展的一系列金融工具、金融制度、金融政策与金融服务的系统性、创新性安排，由向科学与技术创新活动提供金融资源的政府、企业、市场、社会中介机构等各种主体及其在科技创新融资过程中的行为活动共同组成，也是国家科技创新体系和金融体系的重要组成部分。科技金融服务平台则是以区域经济为基础，政府发挥管理引导职能为核心。为区域范围内的科技型中小企业提供有针对性的融资资源以及相对全面的金融服务，包括提供投融资、进行风险识别与管理以及企业的预测、管理及控制，是平台工作的重点。

通过平台搭建与运行，实现投融资双方的高效结合，解决科技型中小企业所面临的融资难、融资贵难题，促进企业高速、高质量发展。山西省科技金融服务平台的构建须遵循以下原则：

（一）构建原则

1. 政府引导，多元支持，市场运作原则

在区域性科技金融服务平台建设的过程中，政府不仅要发挥引导作用，还要以自身力量促进银行、风投机构、证券公司、担保公司、行业协会、高科技园区、中介机构以及企业等各主体方参与到平台建设中来。政府在平台运行过程中主要发挥行政引导作用，各类市场主体才是平台运行的真正主体。当平台运行出现市场难以处理的问题时，政府部门需要积极引导干预，但在日常运行中，应该尽量减少干预，坚持市场化原则，平台的运行才更为有效。

2. 突出共享，制度先行原则

实现资源共享、调动各类资金、提高社会资本的利用效率是区域科技金融服务平台的核心。因此，区域性科技金融服务平台必须积极探索各类机制与体制运行方法，解决目前体系中存在的资源分散、封闭和垄断状况，实现全面的资源共享；加快制定维护科技金融体系顺利运行的法律、法规、规章和标准，切实保护各主体方的利益；促进社会资本的共享以及相互配合，在激励方式以及运行方式上大胆创新，形成体系内资源共享、相互联系及相互促进的良好运行机制。

3. 分阶段支持原则

科技型中小企业在种子期、初创期、成长期和成熟期等不同成长阶段的融资需求表现不同，按照科技部"科技型中小企业成长路线图计划"，充分发挥政府和市场两类主体作用，通过债权融资、股权融资、上市融资等多种方式，构建"科技型企业梯形融资模式"，如图5-6所示。

"梯形融资模式"与传统融资模式不同，它提供的服务更具有针对性，在政府引导以及民间资本的积极参与下，融资方案随着企业的发展而变化，是在传统融资模式的基础上进行的一次体制机制创新。

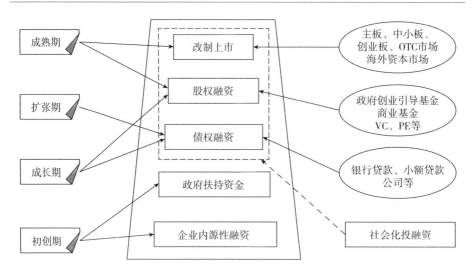

图 5－6　科技型企业梯形融资模式

（二）平台参与主体

从参与主体看，科技金融体系是由需求方、供给方、中介结构、政府以及生态环境等要素构成的，这一系列要素在科技金融的大环境背景下相互融合，构成了科技金融综合体，而科技金融服务平台则是对各科技金融要素系统性、创新性的合理化布局与安排。山西省科技金融平台主体应包括科技金融需求方、供给方、中介机构和政府。科研机构、科技型企业以及高等院校构成了科技金融的需求方；银行、科技信贷机构、风险投资机构和多层次资本市场构成了科技金融的供给方；科技金融的需求方与供给方之间存在着较强的相关性，而中介机构则在这段关系中充当衔接器的角色，融资担保机构、信用评级机构和资产评估机构构成了科技金融的中介机构；目前经济体制决定在整个平台的运作中，少不了政府的决定性作用，政府通过政策规范对平台运营进行监督、引导和调控。科技金融服务平台的参与主体之间的关系，如图 5 -7 所示。

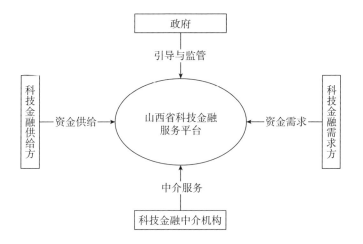

图 5 – 7　山西省科技金融服务平台参与主体

1. 科技金融供给方

商业银行、科技信贷机构与多层次资本市场构成了科技金融体系的供给主体。科技信贷机构包含几类次级供给方，如创业风险投资、担保、保险以及企业互助性担保基金。多层次资本市场主要指股票和债券市场，换个角度看，包括从主板、科创板、中小板、创业板、新三板到区域性股权交易市场的多层次股权市场资金供给主体，与债券、衍生品等市场资金供给主体。供给主体提供服务时所采用的方式不同，商业银行、创业风险投资、担保与资本市场的供给方式就是资金供给；保险公司利用本身的保险服务对科技创新提供风险分散服务；创业风险投资在对企业进行资金投入时还会选择介入企业经营管理，并为其提供专业的指导。同时，对于不同的科技金融供给主体而言，即使是提供相同的供给，在方式上也会表现不同。在进行资本供给时，商业银行与担保公司偏向于选择间接融资，而股票、债券与创业风险投资对于直接融资有明显偏好。

2. 科技金融需求方

科技型中小企业、高等院校与科研院所构成了科技金融平台运行中的需求主体。其中，科技型中小企业对于科技金融的服务需求较高，且不同发展阶段的需求也各异。高等院校与科研院所对市场性科技金融的需求占比较小，其科技创新活动主要受到财政拨款以及企业项目投资的资金支持，多属于公共科技金融范畴。

3. 政府

政府对科技金融的整体发展方向起着引导与推动作用，在制定政策规范的过程中掌握绝对主动权，为科技金融的相关主体提供政策支持；同时，政府对于经济发展以及科技创新负有直接责任，科技金融能够帮助政府完成这一职责。因此，政府在科技金融服务平台中充当着供给者与需求者的双向角色，政府的行为对体系中信息不对称以及市场失灵又有直接的影响。

4. 中介服务机构

中介服务机构包括信用评级机构、融资担保机构、资产评估机构以及自律性的行业协会等机构，在科技金融体系中它们也充当着供给者角色，只不过供给的不是直接资本。中介机构重在提升科技与金融的结合效率，解决系统中的信息不对称问题。

（三）平台功能定位

科技金融服务平台旨在搭建供需双方联系的共享平台，为双方提供涵盖政策、产品、中介、信息等各方面金融服务。针对科技企业不同发展阶段的不同管理、创新以及融资需求，该平台通过将银行、担保、保险、创投、资本市场、政府、中介机构等资源进行整合，提供针对性很强的个性化服务。一方面，突出投资共建特点。不同于传统的政府、市场或者金融机构单一主导的传统模式，现阶段科技金融服务平台的构建可以参照企业管理中的项目部制，构建主体为科技金融的供需双方。供需双方基于互相配合设立特定载体，完全独立于供需双方本身，在运营过程中表现得较为公平，此举可以有效避免科技金融体系中出现占据主导地位的个体获取不当资源的情况。另一方面，突出信息共享特点。科技金融服务平台的目的就是减少信息不对称，通过平台的信息服务以及监管功能促进政策、科技、金融以及各类对接交易信息在各主体之间流转。

基于以上分析，构建山西省科技金融服务平台需明确建设并履行科技投融资服务功能、信息资源服务功能、科技创新引导服务功能和增值服务四大功能。

1. 科技投融资服务功能

平台充分利用科技金融各主体方的合作关系以及政策信息，综合考察企业资信情况、技术水平以及发展潜力等信息，在为各类金融投资机构推荐优质企业以及科技创新项目时会更加客观和全面。通过平台中介，各金融投资机构根据企业融资需求，一方面，推荐适合的融资业务品种给企业；另一方面，也促进其融资创新，提供存款、贷款、结算、担保、股权投资、融资顾问等多方面创新服务。投融资平台服务可以促进资金供需双方"无缝对接"。

2. 信息资源服务功能

科技金融服务平台有效整合科技金融的各主体方，为其便捷沟通互动提供有效渠道，对于提升科技金融的资源整合效率和信息共享程度具有不可忽视的积极作用。科技金融信息通过平台进行传递，不仅信息维护成本大幅度降低，后续拓展信息的获取渠道及提升信息时效性相对容易，为科技产业提供高质量服务奠定基础；同时，对于科技金融产业内、企业间而言，因信息加持，可增强相关各方的市场竞争力。

3. 科技创新引导服务功能

对于有效满足科技型中小企业创新的融资需求而言，科技金融服务平台的第三方服务必不可缺。即使处于初创期和发展期的科技型中小企业，通过平台服务，也会得到相应针对性投资，尤其天使投资比重加大，有效改善社会资本的流入导向，有利于扶持科技型中小企业的发展，并对科技创新起到积极催化作用。

4. 增值服务功能

相较于针对一般传统服务而言，科技金融服务平台量身定制对科技型中小企业的服务，超前服务，随需而变，不仅仅是"给钱"的问题。在连接银行、证券、会计事务所、律师事务所等融资机构和服务机构的过程中，增值服务除了包括投融资增值服务，还包括信用信息、征信服务、改制上市辅导、上市路演、创业大赛上市辅导、投融资培训以及对接会、论坛等各类辅助活动，为科技型中小企业创新和长远发展提供有力保障。

（四）山西省科技金融服务平台结构

基于山西省科技金融服务平台参与主体以及功能定位分析，构建出了山西省科技金融服务平台的模型，结构模型如图 5-8 所示。该平台模型共包括三大核心子平台：投融资服务平台，聚集对初创期至成长期科技型中小企业至关重要的科技金融供给方；科技创新平台，聚集科技金融需求方，促进科技创新成果以及成果的市场转化；中介服务平台，对接投融资服务平台和科技创新平台，为双方信用和资质进行客观的第三方评定，并提供担保等中介服务。

另外两大辅助平台：一是信用审查及担保，保障平台信用；二是信息监管平台，政府以多元方式对整个科技金融体系进行监督管理，并在平台需要时提供一定的资金支持。

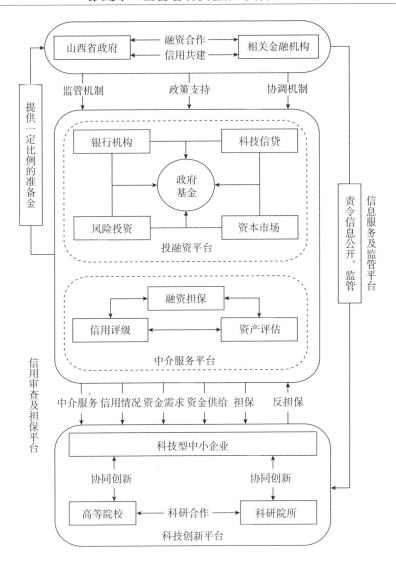

图 5-8　山西省科技金融服务平台模型

1. 投融资平台

投资平台的运行程序如下：首先，有融资需求的企业提出融资申请，并上交如公司审计报告、财务现金流水、注册资金证件等，按实际需要还可能提交抵押产权证明文件等。其次，科技金融服务平台与银行、投资机构等合作，对于融资项目进行具体分析、测评，在此过程中，充分发挥平台数据库作用，为平台审核企业信息提供便利，最终对于项目通过与否给出判断。关于融资方式，企业结合自身情况与各种融资方式的特点综合考虑，选择最符合自身需求的融资方式。

2. 中介服务平台

中介服务平台扮演科技金融体系中的"纽带"角色，是企业、银行、风险投资机构等持续交流、沟通的平台。平台秉承风险共担以及求真务实原则，为科技金融供需双方提供资源，提供担保、资信评级、专家咨询评估、技术诊断等必要的中介帮助。

3. 科技创新平台

科技创新平台是科技基础设施建设的重要内容，突出技术转移、技术研发、资源共享、孵化企业等功能，既能够有益增强科技型中小企业核心竞争力，也是支撑区域科技创新体系，加快科技进步、社会发展、经济增长的基础保障。

4. 信用审查及担保平台

科技金融服务平台由多方主体共同参与建立，并且在相关主体之间共享，信用是维系的关键。

首先是内部信用审查。团体信用机制可以较好地解决信息不对称风险问题。金融机构和投资机构要求科技型中小企业进行组团信用审查，如果其中一家企业发生违约行为，其他企业需要对违约企业的信用危机负责。这一方面可以促使组团的科技型企业进行自我选择甄别；另一方面在信贷过程中，内部的科技型企业会互相关注对方的资金运用情况，建立横向监督机制。

其次是外部信用担保。在外部信用担保阶段，担保机构可以借助科技金融平台的高新技术企业信用信息数据库、企业外部信用评级数据库、担保机构外部信用评级数据库等，参照社会公众与媒体披露、信用评级机构的信用评级或信用增级以及政府相关公告，为违约风险较小的科技型中小企业进行信用担保，构建外部信用服务机制。

5. 信息服务及监管平台

信息服务及监管平台涉及政策信息服务系统、科技信息服务系统、金融信息服务系统及对接交易信息服务系统，涵盖信息服务、对接、交易与支持四项功能。第一，政策信息透明化。平台将最新科技金融政策第一时间向科技金融主体公布，便于各主体方及时获取政府政策支持。第二，科技信息透明化。平台第一时间发布科技型中小企业的科技创新成果，将有效促进科技型中小企业融资。第三，金融信息透明化。平台及时公布金融机构的投资需求及各类科技信贷产品信息，既方便满足金融机构的投资需求又可以促进资本快速流转。第四，对接交易信息透明化。针对科技金融各类主体需求进行充分的商业策划与包装，延伸服务内容。

五、山西省综改区科技金融与科技型中小企业创新

山西省作为全国第一个全省域、全方位、系统性的国家资源型经济转型综合配套改革试验区，于 2017 年整合八个主要产学研园区，设立了山西省转型综合改革示范区，总规划面积 600 平方千米。借先行先试的独特优势，综改区在科技金融领域和科技型中小企业创新发展方面做出很多探索与创新，已经开始两者在战略规划和实践运行中的良好互动。山西省综改区的特殊案例加以系统梳理总结，可以更好地促进科技金融与科技型中小企业创新的耦

合，为经济发展创造新的动力机制并提供有力支撑。

（一）山西综改区发展历程

2010 年 12 月 13 日，国家发改委正式批复设立"山西省国家资源型经济转型综合配套改革试验区"，此为山西省综合改革示范区（以下简称山西综改区或综改区）的起点。2015 年 7 月 22 日，山西科技创新城综合服务平台一期工程开工。2016 年 11 月 4 日，综改区管委会筹委会成立大会在太原举行，标志着示范区建设进入了实质性推进阶段。2017 年 4 月，综改区首批总投资超千亿元的 71 个项目正式奠基开工。

综改区由太原都市区内的太原高新技术产业开发区、太原经济技术开发区、太原武宿综合保税区、晋中经济技术开发区四个国家级开发区，太原工业园区、山西榆次工业园区、山西科技创新城三个省级开发区以及山西大学城产业园区，共八个产学研园区整合而成，并向南、向北建立扩展区，总规划面积约 600 平方千米。整合后的综改区从空间上分为三大片区，分别是北部阳曲产业园区、中部产业整合区和南部潇河产业园区。

北部阳曲产业园区重点布局新材料、节能环保、绿色食品、文化旅游、健康休闲等产业。中部产业整合区主要对现有比较成熟的产学研体系以及城市功能进行提档升级，重点布局大数据、物联网、电子信息、高端装备、生物医药、绿色食品、文化创意、跨境电子商务、保税物流、科技研发等产业。南部潇河产业园区是示范区建设的主战场。沿潇河两岸布局新能源汽车、移动能源、智能制造、健康医药、电子信息、总部经济、智能物流等多个产业组团，以及金融小镇、智慧小镇、健康小镇等特色小镇。

截至 2020 年 12 月底，山西综改区的企业达到超过 2 万家，其中科技型中小企业占比90%①，分属信息传输和电子信息技术服务、科学研究与高技术服务业、先进制造与自动化企业、生物与新医药、新材料、新能源与节能、资源与环境、航空航天等不同行业；绝大多数地处学府产业园区。

（二）山西省综改区科技金融发展

2017年，山西综改区实施方案公布，为经历断崖式下跌两年的山西省经济注入强心剂，正式开启山西省加快转型升级创新驱动的新时期。其中，科技金融备受瞩目。一是健全科技型中小企业的投融资体系，吸引各类股权投资基金落户，打造基金集聚区和金融小镇。大力发展产业基金、成果转化基金等。二是充分发挥公共科技金融的力量，综改区财政资金可作为劣后级发起设立母基金，引导社会投资流向。母基金可采取设立子基金、股权投资、债权投资等投资方式。三是鼓励设立政策性担保机构，鼓励财政资金通过保险补偿等方式支持科技型中小企业发展。以此为契机与纲领，综改区在科技金融领域做出了很多有益尝试与探索。

1. 加大财政支持力度，转变财政科技投入方式

（1）加大对科技企业的财政支持力度。综改区财政扶持资金基数为3亿元。其中，省财政安排1亿元，示范区配套2亿元。随着综改区财力增长，资金同比例增长。财政扶持资金列入每年的财政预算，由相关业务主管部门会同财政主管部门编制财政扶持资金年度使用计划。财政扶持资金主要用于以下三个方面：

一是扶持和奖励企业开展各类科技创新活动。支持区内企业开展各类国家科技计划。面向市场需求，建立企业申报、政府审核的科技项目普惠性扶持新模式，按照"扶持资金额＝企业科技研发费用×扶持比例"的方式给予

---

① http：//zgq.shanxi.gov.cn/。

扶持。企业科技研发费用（R&D）以税务部门数据为准，扶持比例以示范区当年公布数为准。

二是奖励企业创新成果。对于新认定的高新技术企业，首次新增的"小升规"企业，"专精特新"中小企业，获得中国质量奖或获得国家知识产权示范企业、国家专利金奖、国家技术先进型服务企业等国家级荣誉称号的企业，以及成功申请国内外专利的企业，给予一定金额的奖励。

三是支持重点科技项目。对于示范区重点培育发展的产业，且具有应用前景，能带动技术创新，具有国际、国内领先或先进水平的重大科技攻关项目和重大新产品开发项目，给予支持。

（2）设立综改区成果转化引导基金。由区财政每年安排 5 亿元，设立科技成果转化专项市场化支持资金，用于支持成果转化过程中中试及产业化项目。同时，采用基金和股权投资方式支持成果转化项目，每年从专项资金中列支 1 亿元，注入区科技成果转化引导基金，按市场化运作方式，吸引风险投资机构、商业银行、保险投资机构以及其他社会资金，共同投资成果转化项目，基金投资金额依据合同执行；每年从专项资金中列支 1.5 亿元项目资本金，委托平台公司以股权投资的形式对项目给予投资支持。对于重点支持的科技成果转化项目，经管委会批准可由综改区科技成果转化基金采取债权投资、股权投资等方式予以扶持。综改区已设立了成果转化、产业发展、基础设施三只政府引导基金，总规模 100 亿元。

（3）设立应急周转保障资金。设立 5000 万元应急周转保障资金，为在综改区内符合示范区产业政策、银行信贷条件、生产经营正常的企业，在贷款即将到期但足额还贷出现暂时困难时，提供短期资金支持。此外，综改区鼓励开展科技成果转化中试，对企业中试项目申请的贷款予以贴息，贴息利率不超过当年银行贷款基准利率，贴息金额不超过 300 万元，贴息不超过 2 年。

2. 设立金融集聚区，构建科技金融生态圈

（1）设立金融集聚区。首批两个金融集聚区，清控创新基地（太原）的汾河金融城和山西国际金融中心的晋阳金融城于 2020 年 12 月授牌。充分发挥金融资本集聚、杠杆撬动、信用助力的核心作用，整合各类优质资源，打造"开放、共享、协同、共荣"的金融集聚区。金融集聚区一方面实现机构集聚，入驻银行、证券、信托、基金、保险、金融租赁公司、融资担保公司、财务公司、融资租赁公司、保理公司等金融类企业，且有金融牌照的金融类企业持续一定数量；另一方面实现资源集聚，与金融相关的一切资源，包括资金、信息、人才、技术和物理网点等充分集聚，可满足科技型中小企业在种子期、天使期、成长期、成熟期等各阶段的多元化金融需求。

综改区奖励金融类机构注册。对新设立或新迁入的金融类机构，按照实缴注册资本额度采取分年度奖励方式；对新设立或新迁入的银行、证券、保险、信托、公募基金等省级分支机构给予一次性奖励；对股权（证券）投资类机构实缴规模给予奖励。这样高比例的奖励措施促使更多金融类机构入驻综改区，为综改区科技型中小企业的发展提供更多资金支持。

截至 2020 年底，山西综改区注册设立的金融、类金融、股权投资等机构共 600 余家，为区内企业提供债权融资 1578.63 亿元、股权投资 75.43 亿元，其中备案私募基金管理人 30 家，备案私募基金数量 86 只，占全省约 50%，管理规模约 800 亿元，小额贷款公司贷款余额共计 11.14 亿元，涉及贷款用户 799 户，融资担保公司担保余额共计 11.66 亿元，483 户涉及小微企业、5 家主板上市公司、30 家新三板挂牌企业、85 家企业挂牌山西股权交易中心"晋兴板"、186 家上市企业后备资源库入库企业①。

---

① https://baijiahao.baidu.com/。

（2）鼓励金融机构制定科技金融发展规划。鼓励金融机构制定科技金融发展规划，积极争取政策支持和资源配置，大力推动区内科技型企业发展。引导金融机构创新业务品种，建立健全信用体系，完善无形资产质押融资的风险补偿机制，鼓励金融机构开展知识产权质押贷款、股权质押贷款等新型信贷业务，支持金融机构综合运用买方信贷、卖方信贷、贸易融资、融资租赁等方式，加大对区内科技型企业的信贷支持力度。

（3）鼓励金融机构在区内开展债权融资业务。通过专门政策，向为综改区企业提供债权融资服务的银行等金融类机构给予奖励，奖励金额跟债权融资余额与上一年相比的增加额度挂钩；提供增信服务的担保公司等金融类机构在保余额比上一年每增加一定额度，按增加额比例给予奖励。鼓励银行、基金、担保等机构为区内企业提供科技信贷服务，对于支持区内企业中试和产业化项目发生的资金损失，按照企业投资或贷款本金法定程序核销额的一定比例予以补贴。这些按照金融类机构为区内企业提供债权融资服务和增信服务的贡献给予奖励的一系列措施，直接鼓励金融机构对科技型中小企业提供贷款，从而促进其健康良好运营。

（4）鼓励股权投资类机构在区内开展股权融资业务。按照金融类机构为区内企业提供股权融资的金额和年限给予奖励。对区内企业投资总额达到一定量级且投资期限满 1 年的，按其投资额的比例给予奖励，有助于股权类金融机构投资于综改区内的科技型中小企业，同时也吸引其他社会资金涌入。2020 年末，最新入驻的股权投资类企业包括中金科创（山西）私募股权投资基金合伙企业、山西晋新股权投资合伙企业、山西合盛新动能股权投资合伙企业、山西太行晋民文旅股权投资合伙企业。

（5）鼓励金融第三方服务机构在区内开展金融服务。对于在示范区提供金融类数据、企业征信、信用评级、金融专业 IDC 机房等服务的金融第三方服务机构，通过政府购买服务等方式予以支持，鼓励发展金融大数据业务。

为区内企业融资提供征信、信用评价评级、财务咨询等经纪服务的金融第三方服务机构，债权融资年度新增累计 5 亿元以上的，按照融资额度的 0.02%比例给予奖励，最高 50 万元；股权融资年度新增累计 3 亿元以上的，按照融资额度的 0.02%比例给予奖励，最高 50 万元。鼓励券商、金融第三方服务机构积极推动区内企业挂牌上市，每成功辅导一家企业上市对辅导机构给予奖励，主板上市给予 50 万元奖励，科创板上市给予 30 万元奖励，中小板、创业板上市给予 20 万元奖励。

（6）完善科技型中小企业信贷风险补偿及奖励措施。每年财政预算安排 5000 万元风险补偿资金，用于弥补基金、银行、融资担保等金融类企业对区内中小微企业资金支持过程中发生的资金损失，按照企业投资法定程序核销额或贷款本金法定程序核销额的 30%比例予以补贴，单笔最高 500万元。

3. 助力企业进入多层次资本市场

（1）推动科技企业上市融资。着力建立后备资源库，推动企业挂牌上市，发展多层次资本市场。综改区对企业在主板上市、科创板上市、中小板和创业板上市、"新三板"挂牌、"晋兴板"（山西股权交易中心）挂牌，都给予一次性不同金额奖励，最高达 500 万元。

（2）推动企业挂牌"晋兴板"。山西股权交易中心有限公司为山西省区域性股权市场唯一合法运营机构，下设展示板、培育板和"晋兴板"。其中，"晋兴板"属于最高板块，企业质量最高，融资能力最强，以企业产权交易为基础业务，提供企业挂牌展示、股权登记、托管、转让、结算交收、代理分红派息及企业私募债券发行、转让等综合金融服务，是山西省综合产权全要素市场体系建设的最早开拓者和秩序建立者。除了多元激励方式，综改区注重平台搭建，积极组织民营企业金融对接会、融资对接路演、综合服务咨询等，推动企业挂牌晋兴板。2020 年末，挂牌"晋兴板"的山西综改区企业约占全省的 30%①。

4. 完善各类平台建设，连接供需双方

（1）科技成果交易平台。综改区科技成果交易平台是一个致力于提供完备科技成果交易和转化全链条技术服务的线上、线下相结合的综合性服务平台。通过深入高校、科研院所、重点实验室和企业，收集、整理、分析其科技成果和科技需求，同时整合服务机构、专家人才、科技金融等科技要素，基于科技大数据以及与第三方服务机构的广泛合作，完善科技成果交易链条，探索科技成果转化的标准化道路。区内科技型中小企业借助该平台，可以在线进行专利申办、商标申办、专利评估、技术评价、成果发布等业务办理。目前，平台成果库分为七类，包括电子信息、生物技术、新型材料、装备制造、精细化工、环保技术、其他。已在线交易成果包括专利技术、非专利技术等，通过汇聚创新合力，加速了科技成果转化。

（2）公共资源交易中心。综改区公共资源交易中心已于 2018 年完成与山西省公共资源交易平台的对接，实现了招标公告、交易结果等有关交易信息的实时传输。借助公共资源交易电子服务系统和电子监管系统，实现交易全流程电子化，并且实行信息公开公示制度，确保公共资源交易全程阳光操作。公共资源交易项目发起方、响应方、中介机构、专家以及相关从业人员的信用数据库，可保障守信激励与失信惩戒。目前涉及工程建设、政府采购、土地招拍挂、国有产权交易、"土地＋熟项目"交易及其他交易六大类。

（3）大型科学仪器设备共享平台。为了提供高水平技术支撑，整合精尖厂商、专家和重点实验室，山西省综改区建立了大型科学仪器设备共享平台。该共享平台有效整合了区域内的研发资源，避免了重复投资，促进科技资源在全社会范围内的高效配置和共享利用，降低了创新创业成本，与山西省其

---

① https://baijiahao.baidu.com/。

他基础条件平台结合，打造了一条从科技创新到科技成果转化的服务链条，完善了城市与区域创新体系，为区域竞争力的全面提升提供了有力支撑。

截至2021年第一季度末，该平台汇聚了科仪厂商392家、仪器设备3387台（仪器设备种类如表5-2所示），重点实验室37家，科研专家11131人，并且实现预约成交435次数，成交总额447万元。大型仪器设备共享平台的建立，有效提高了科学研究设备的使用效率，真正发挥库存和增加仪器设备的作用，加强了专家之间的交流合作。

表5-2 综改区共享平台的仪器设备种类

仪器设备名称	台数	仪器设备名称	台数
分析仪器	1504	计算机及其配套设备	7790
物理性能测试仪器	356	特种检测仪器	74
计量仪器	127	医学科研仪器	66
电子测量仪器	197	核仪器	14
工艺试验仪器	27	大气检测仪器	9
地球检测仪器	6	激光器	7
天文仪器	1	海洋仪器	2
其他仪器	167		

资料来源：山西省综改区大型科学仪器设备共享平台，http://www.sfqyqgx.com/。

六、对策建议

关于山西省科技金融的任务与创新探索，以及与科技型中小企业创新实践的互动，前述内容一方面分析了构建山西省科技金融服务平台的整体框架构想，另一方面就山西省综改区的案例进行了详细解剖。如何进一步充分促进科技金融与科技型中小企业创新的耦合，需借鉴发达国家和省份的先进经验，完善现有金融体系，有效控制和分散科技金融风险，解决关键的制度障碍，并充分发挥综改区先行先试的优势，积极进行有益探索，保障山西省科技金融和科技型企业创新的可持续发展。

（一）提升公共科技金融的引导作用

以政府科技投入为主的公共科技金融，在实践中因为行政命令和财政支持的过多干预会影响企业的自主性和灵活性；也会因政府直接管控成果产权、资产保值增值等而加强对企业的限制，影响企业独自承担创新的研发经费和运营风险。另外，政策性基金因设置了较高要求的条款，再加上程序流程仍然存在过长、过烦和考核过严的问题，影响了政府对风险的实际分担和基金的高效使用。这些问题仍然存在于山西省现有的财政科技拨款、政府风险补偿基金、引导基金等方面。

注重发挥政府基金的杠标效应。积极引导金融资源对科技成果转化的正确支持，政府基金的主要职能是更好地黏合各类社会资本，并不能取代市场机制。结合实际情况建立扶持、引导基金，引导风险投资者进入科技领域，拓展股权投资；发挥财政杠杆作用，促进政府财政资金的资本化，切实提高运作效率，政府以财务投资为主，风险管理与风险收益交给市场化机构；对政府基金的评价与考核，强调支持科技型中小企业创新的力度和杠杆效应，而不是把保证财政资金安全列为首位，简化办理条件与事中流程；将担保、抵押机构纳入科技金融体系，鼓励吸收更多的民间资金加入科技金融的体系当中，切实提高公共科技金融的激励力度。

（二）建立完善的资本市场体系

1. 完善科技直接融资市场

通过多种融资方式的组合运用，科技型中小企业可以摆脱过分依赖银行却又不受银行青睐的传统融资困境。合理规划现有的科技型中小企业资源，建立相对完善的资源库。传统的三板市场、区域股权交易中心更有利于科技型中小企业在其中采取直接融资的模式获得融资。当然利用金融来支撑科技成果的转化是急需依靠相对完善的产权交易市场来做保障的，这方面广东省做得比较理想，可借鉴学习，同时引导企业资本运营化解创新风险。

2. 鼓励科技企业利用债券市场融资

山西省需要继续强化宏观科技金融政策，从债务融资工具品种、发行机制及流程、发行主体、中介机构等方面明确政策，鼓励和促进发展科技型中小企业债券融资。同时鼓励各地方政府和区域性科技管理部门组织科技型中小企业发债，引导民间资本合法投资，并支持科技型中小企业利用债券工具进行滚动融资和并购融资。山西省可以积极借鉴其他区域成熟的经验，开设试点，促进信息沟通。政府通过有效参与，既增强企业债券购买者的信心，又对债券发行活动进行严格监督管理。开设试点，政府参与并鼓励企业积极发行集合债券，解决只能发行单一债券企业由于规模偏小而加大融资成本的问题。

对于科技型中小企业债券的融资风险，一方面，通过结构化增信设计等创新模式来分担科技型中小企业债券风险。例如，信用私募债可通过结构化增信设计来平衡安全与收益，先对信用私募债券的风险进行分层，然后吸引不同资金类型共同参与认购。另一方面，通过引入债券受托管理人来控制企业经营风险和偿债风险。债券承销商可以作为债券受托管理人，通过聘任具备丰富金融从业经验、社会声誉显著的专家，持续关注发债企业的资信状况和偿债能力，督导发债企业经营与规范治理，实现在科技型中小企业发债常规增信方式无法有效覆盖情况下的风险控制。

3. 加快发展风险投资

首先，继续加强营造促进风险投资发展的政策环境，提升风险投资机构的税收优惠力度。拓展风险投资机构的资金规模，积极引进国外风险投资机构，大力推广风险投资合伙人制度，保障企业与风险投资者在此制度下实现利益互惠，最大限度地聚集社会闲置资金，以市场化运作模式推动科技型中小企业创新。

积极建设风险投资专业化团队，不断强化相关管理者的专业水平。致力于推动山西省创业投资联盟的发展，提高自身的吸引投资能力，不断拓展创业投资规模，积极鼓励并支持风险投资机构组建多层次引导基金，使基金杠杆效应得到最大限度发挥。同时，鼓励风险投资向初创阶段的科技中小企业提供强有力支持，从而培育出高效益、发展速度快、空间广阔的优质科技企业。此外，要推行财税激励政策，在政策方面向创业投资企业提供扶持，推动其稳健、快速发展。

（三）鼓励科技金融服务创新和产品创新

1. 加大山西省科技金融服务创新力度

一是山西省应积极开展科技金融投融资服务模式创新，鼓励商业银行、创业投资公司等开展"投贷联动"等服务创新，探索既能保障融资机构与股权投资机构合法权益，又能满足科技型中小企业创新需求的服务模式；二是继续吸引各类资本在山西省投资设立小额贷款公司，引导更多的资金投入科技产业化中；三是实施科技金融创新奖励，如"科技金融创新奖"奖励计划。

除此之外，山西省应该将组建科技型中小企业融资服务中心提上日程，帮助科技型中小企业根据其各自企业模式制定不同的融资模式，为其开辟信贷"绿色通道"，提供差异化资金支持。建立山西省科技金融人才队伍，鼓励银行业金融机构引入科技专家，提供专业的评估咨询服务。鼓励科技型中小企业为完善商业模式、资产结构、资金管理等聘用金融专家。

2. 加大山西省科技金融产品与模式创新

一要鼓励金融机构和科研机构、高等院校以及科技开发基地之间的对接，推动科技和金融产品的融合创新。二要鼓励银行业金融机构积极开展科技金融服务产品创新。三要积极发展商标权、专利权等无形资产的质押业务。探索政府、合作银行、保险、评估公司的风险共担模式。四要推动基于应收账款、信用证等金融产品创新。尤其推广目前只在山西省零星开展的"国内订单融资"产品，解决科技型中小企业供货商的资金链问题，建议根据招标采购平台供货企业的特点，创设"国内订单融资"专项额度，涵盖银行承兑汇票、国内信用证等多种短期信用业务品种，政府进行相关订单确认，切实保证业务的真实可靠，让融资机构在风险把控方面更加安心，更利于科技型中小企业创新。

3. 推动科技保险服务

科技成果转换过程周期较长，资金投入量大，面临的风险相对较高，单个投融资主体无法很好地承担，科技保险会起到风险分散或者转移的功能。目前，山西省科技保险业务仍处于探索阶段，企业参保率比较低，保险机构所能得到的补贴也少。必须高度重视保险行业对科技金融的风险分散功能，制定切实可行政策，推动建立完善的科技保险业务。对于科技保险机构来说，在提供产品和服务时需要更有针对性，在理赔制度上不断完善，积极创新保险产品。

4. 突出培育地方性中小金融机构

地方性中小型金融机构、科技支行相比大型金融机构而言，优势主要体现在简单的内部结构、分支信贷权限以及更高效率。服务对象集中于科技型中小企业，主要瞄准小额信贷业务，避免与大型金融机构同质化竞争，促进金融生态的多元化发展。

（四）完善科技金融与科技型中小企业创新的法律环境和担保机制

1. 完善支持山西省科技型中小企业创新的区域政策

统筹规划，整合科技型中小企业创新的区域政策。一是各政府部门的支持政策应统筹协调，准确定位，为科技型中小企业加强国际科技合作提供必要基础与支持，鼓励社会多渠道、多层次增加科研投入；二是建立和完善科技型中小企业创新成果的评审制度与科技投资项目的筛选程序；三是推进科技型中小企业产学研创新协作，建立企业为主体的技术创新体系，提高科技成果的转化率，加快科技转化为生产力的步伐。

2. 建立健全山西省科技型中小企业创新的风险补偿机制和担保体系

建立健全科技型中小企业的风险补偿机制和融资担保机制，是保障科技金融与科技型中小企业创新良性互动的关键。核心问题有三个：一是如何建立更加有效的风险补偿机制，探索财政贴息、银税互动等模式，探索启动风险补偿资金池。尤其如何在山西综改区进行先行先试，探索风险补偿资金池的运行机制。二是如何共建融资担保体系，形成政府＋银行＋企业＋保险，小微信贷风险共担的模式，加大对科技型中小企业风险担保。三是如何建立健全相关法律制度，进一步规范市场发展，维护行业秩序，这些问题都有待深入研究和探讨。

借鉴广东、上海等地的有益经验，可以从以下几方面着手：一是支持专门服务于科技型中小企业的信用担保机构建设，将科技型企业的评价以及融资信用信息纳入信用数据库，完善科技型企业征信系统。二是要完善山西省科技型中小企业担保机制，促进担保机构在担保方式以及产品上进行创新，增强担保机构的资金储量，同时增强融资担保能力。三是政府主导建设信用担保体系，政府可以采用参股、提供风险补贴等方式促进担保机构的设立和发展，如信用担保机构、区域性再担保机构以及政策性金融机构，帮助科技型中小企业获得融资、分散风险，规范担保业务的发展，降低担保项目风险。四是建立知识产权质押融资再担保体系，探索再担保中心、融资性担保机构、合作银行的风险共担模式。五是成立专利质押融资服务联盟，探索知识产权质押融资风险补偿基金管理人运行机制，并进行动态调整。要特别支持省综改区率先借鉴上海浦东新区的新型担保模式，使用政府专项补助资金独立设立担保基金，确保政策可操作可落地；鼓励各类投资机构建立知识产权质押融资基金。

（五）注重发挥科技金融与创新系统的交叉协同效应

1. 明确科技金融发展的目标及任务

进一步增强科技金融在科技型中小企业、各类高新技术产业的应用，实现山西省科技金融服务能力持续提升、科技金融支撑不断完善、科技金融产业繁荣发展。加强顶层设计，顺应科技金融发展趋势，做好统筹规划、体制机制优化、人才队伍建设等工作。以市场化为导向，积极构建组织健全、功能完善、服务高效、布局合理、经营稳健的与山西省科技型中小企业创新相适应的科技金融服务体系。以体制改革为动力，力争通过山西省的创新试点，建立健全科技金融政策环境，拓宽科技产业化投融资渠道，切实解决当前科技型中小企业创新发展的融资"瓶颈"，促进山西省科技与金融融合发展。

2. 增强科技金融政策的功能性

目前，山西省政府以及各职能部门、在晋金融管理部门、综改区已出台很多支持文件和指导意见，但与发达地区相比，政策数量还不够多，各类规划、引导、鼓励性原则性政策缺乏具体贯彻落实措施，政策执行成本需降低，政策执行效率需提升，而且，各部门在擅长领域出台业务指引，欠缺横向交叉协同。

注重横向协同，政府一要强化与政策性金融之间的合作。在科学基础设施和空间布局调整中，鼓励政策性银行发挥作用，建设科研基础设施多边融资和资助机制，拓展科技型中小企业创新环境与国际科研网络。二要优化与银行业的合作。将发行科技国债与委托贷款相结合，为科技型中小企业提供长期优惠贷款，降低融资成本，并解决信贷周期与科技研发应用周期不匹配的问题。三要优化银证保的合作。利用证券化、再保险、风险衍生品等技术分散科技型中小企业信贷风险。将保险市场、信贷市场和资本市场结合起来，商业银行向保险机构购买科技信贷保险，保险机构的保费收入通过风险投资体系进行投资，利用风险投资高回报覆盖债务代偿风险。

3. 优化军民融合协同创新机制

基于山西省国防科研单位和生产企业集聚的现实基础，鼓励科技型中小企业与民办高等院校、科研院所、大型企业联合军事单位重点关注研究基础前沿和关键共用技术，保持技术创新的前瞻性，走在国际竞争者之前。在重点领域推动军民基础与应用基础研究成果转移转化，促进国防专利转化应用。加快技术、资本、信息、人才、设备设施等资源要素的军民互动与融合共享，推动军民科技协同创新体系形成与深度融合发展。

（六）强化高等教育，加强产学研协作

首先，拓展山西省高等教育格局，积极引进国内外优质大学资源，提升学术研究能力，推动太原理工大学、山西大学、中北大学等高等院校成为山西省科技金融实践经验与创新思想的交流与成果产出阵地。其次，充分调动高等院校跨院系合作的激情，注重学科交叉与融合，尤其在太原理工大学、中北大学等理工院校成立科技金融与金融科技研究所，通过新兴学科提升学科点建设，助力学校创建世界一流学科和国内一流特色高水平大学的建设目标。鼓励高校组建相关核心团队，主动融入山西省高质量发展建设，服务于山西省科技金融与科技型中小企业创新发展研究。将高等院校科技金融的优秀研究成果在金融与科技领域进行分享与输出，助力科技金融行业提高运营效率降低风险，形成产、学、研之间的良性循环，提升产学研协同创新效能。强化高等院校与科技金融业界以及科技型中小企业的合作与互动，从课程设计、师资队伍、培养方式、创新创业教育等方面强化科技金融产学研合作的高等教育人才培养开放模式，以真正适应市场变化。充分运用高等院校的研发力量，加强产学研合作的科技金融与科技型中小企业创新信息管理平台开发与建设，推动政府科技制度改革，激发科技金融与科技型中小企业创新活力。

第六章　数字时代的科技金融与科技型中小企业创新

当前，中国经济在数字技术驱动下，大步跨入数字时代，数字经济与实体经济高度融合、促进科技金融与科技中小企业创新是未来选择。数字时代以数字信息为手段，融合生产、经济、科技等各个领域，具有永久性、即时性和高效性，对实体经济和金融经济产生了深刻的影响。

数字时代的发展为科技金融与科技中小企业的创新发展提供了条件。一方面，中国数字经济发展迅速。据中国信通院发布《中国互联网发展报告2020》的数据指出，2019年中国数字经济规模达35.8万亿元，占GDP比重达36.2%，中国数字经济总量规模和增长速度位居世界第二位，增速已连续三年排名世界第一。另一方面，中国发展数字经济有坚实的用户基础。据统计，截至2020年12月，中国的网民数达到9.89亿，互联网普及率为70.4%；目前我国已建成全球规模最大的5G网络，5G用户已经超过1.5亿。伴随着互联网与产业加速融合的数字时代，科技金融与科技中小企业也面临着数字化生存发展方式的考验，这在一定程度上制约了科技金融企业实现价值最大化，阻碍了科技中小企业创新，如何抓住发展潮流，促进科技金融发展与提升科技中小企业的创新能力是本章讨论的重点。

通过介绍数字时代背景下科技金融和科技中小企业的发展变化，总结出科技金融对科技中小企业创新的影响，进一步提出科技金融促进科技中小企业创新发展的政策建议和策略，并对数字时代科技金融与科技中小企业创新的发展趋势做出合理展望，进而实现科技创新，助力经济增长。

第一，区内科技型中小企业的内生性创新。创新的战略管理能力提升。综改区科技金融有效弥补了科研与市场的断层，科技型中小企业对内部资源和核心优势以及行业技术趋势有更充分的研判，制定创新战略目标与路径时更加动态合理，创新领导力全面发展，既能结合自身资源禀赋和市场环境，又能及时围绕技术创新、市场创新、商业模式创新开展资源布局，并根据创新需要对组织结构、产权治理结构等强化制度安排。

创新产品的实现能力提升。综改区内科技型中小企业的市场能力、研发能力、制造能力、管理能力及资源组织能力，共同构成了组织的产品实现能力。该能力的大小，决定了企业新产品或服务的产出水平和效率。目前，综改区定期组织科技型中小企业的培训、指导与评价，依据科技部《科技型中小企业评价办法》，对科技型中小企业研发投入强度、新产品销售额占总销售额比例、研发人才所占比例以及科技成果等指标进行评价，都是对其创新产品实现能力的考察与提升。截至 2021 年第一季度末，综改区内企业共有知识产权专利 14653 项，科技型中小企业大致贡献了 70% 的力量[1]。

创新网络的嵌入能力提升。综改区内科技型中小企业对知识和技术的消化、吸收和扩散能力普遍加强，企业的专业化、精细化生产或服务提升，与各高校，以及研发机构创新主体比如山西高等创新研究院、山西清洁能源研究院、山西轻合金材料研究院、山西生物质新材料产业研究院等的联系更紧密。向全球探求研究、创业和投资机会的能力提升。比如，区内山西纳安生

---

[1] 资料来源：山西综改区科技创新服务平台，http://www.sfqkc.com/。

物科技有限公司、山西东辉新能源动力研究院有限公司、山西见声科技有限公司等企业建立跨区域、跨国界的新型研发机构，已布局建设了海外研发机构。

第二，区内科技型中小企业的外部创新环境。得益于科技金融的鼎力支持，区内科技型中小企业创新空间载体得到优化。包括众创空间、微型企业孵化园、小微企业创业基地和商贸企业集聚区四种类型。各类园区、众创空间、总部楼宇、科技企业孵化器等创新创业载体和平台的创新效能得到更好发挥，"投资＋孵化""龙头企业＋孵化""科技＋孵化""人才＋孵化"等多种发展模式为科技型中小企业创新提供了保障。

科技型中小企业的高效协同创新体系建立并日趋完善。创新资源共享与创新协同的信息基础得到发展，通过技术、人才、项目合作交流机制，综改区实现科研机构、高校、龙头企业的创新资源开放共享，科技型中小企业更便捷地参与研发平台、工程中心、创新平台等建设，以科技型中小企业为主体的多层次、网络化、相融合的协同创新系统发挥更大作用，极大地提升了科技型中小企业的创新效能。

科技型中小企业的创新发展战略重点得到整体明确。综改区鼓励和引导科技型中小企业发展基于互联网平台经济的柔性制造、众包设计、个性化定制、智慧物流等新型制造和服务业。科技型中小企业聚焦集成电路、新能源汽车、人工智能、大数据等山西省着力发展的十四大新兴产业领域，在科技成果转化、科技金融结合、科技协同创新、军民融合创新等重点方向上都可得到综改区的支持。

创新平台完善，科技资源汇聚，科技合作加强，科技成果产出与成果转化加速，外部创新环境整体优化，为科技型中小企业创新能力与创新绩效提升创造了良好条件。

一、数字时代的科技金融前沿

科技改变生产生活，并影响各行各业。当前数字技术加快赋能金融业，新型金融业态蓬勃发展，推动实体经济高质量发展。在数字时代的背景下，科技金融也经历了数字化转型，具体表现在以下几个方面：

（1）大数据平台的建立。对科技型中小企业而言，建立大数据平台绝对是其解决融资烦琐问题的强大助力。大数据平台的建立将以前烦琐复杂的融资申请程序简单化、清晰化，根据大数据处理结果，金融机构可以为科技企业量身定制更具有企业个性特色的金融服务，大大提高了企业的融资效率。企业可通过云平台自主申请所需的金融服务，收到请求后，银行在最短时间内为企业提供无抵押、无担保的在线授信的纯信用贷款，简化流程、快速高效，充分发挥科技赋能作用，切实解决科技企业融资烦琐、抵押困难的问题。对于银行业来说，科技企业提出贷款申请后，银行实时连接法院、工商、人行征信系统，包括对发票、合同进行自动化机器处理的验证，可以实时对申请人进行放款。

（2）区块链云服务平台的发展。数字时代背景下，金融机构可以选择与线上金融平台合作。以供应链金融"应收账款融资"为例，基于供应链的应收款链＋区块链，科技型中小企业在双链通平台上签发确认电子化的应收账款，在确定时间对确定金额进行付款。上游供应商拿到这些电子化应收账款之后，可以拆分流转给上游供应商，因为有的时候第一级供应商也是大企业，不需要融资，二、三级供应商才是小企业，需要融资，如此上溯，任何一级供应商拿到区块链凭证都可以在平台进行线上融资。通过区块链技术，银行不需要再给供应链上的小企业一一授信。以往批一个小企业授信非常复杂，因为链上应收账款凭证已经是一个区块链的确切凭证，随时可以进行融资，线上秒级融资，这是平台化的探索。对于科技型企业来说，节省了时间，在科技创新领域便可以抓住先机。

（3）智能 AI 助力科技金融发展。数字金融时代，AI 人脸识别支付、智能投资顾问、智能客服服务等数字化时代产物开始引入金融行业。金融机构引入智能投资顾问系统，如智能投资顾问机器人，代替人工为客户提供理财顾问和资金管理服务，这意味着金融行业借助 AI 技术，很多工作将会逐渐智能化。

（4）互联网投资的兴起。相比以前依赖于风险投资、银行贷款等传统业务，数字时代的科技型中小企业，因互联网投资平台，比如蚂蚁金服、京东科技等的建立与规范，面对资金问题有了更多选择方案。相较于传统金融机构，互联网平台背靠业内巨头，敢于涉足高风险高回报企业，在风险承担方面更胜一筹，很多时候可为企业解决燃眉之急。

二、数字时代的科技型中小企业前沿发展

数字时代，很多科技型中小企业掌握着云计算、大数据、物联网等各种数字化技术，拥有先天优势。它们大多数本身就是为解决某些数字化应用需求而生，企业对数字化的时代背景理解以及实践经验积累都是处于其他行业的企业所不能媲美的。所以，针对某些特定需求，它们在选择解决方案时，会更加贴合现实、更加灵活。

为了更好地适应数字时代，科技型中小企业正在根据数字化、高级化和融合化的方向优化产业布局。一是以数字化发展为重点，通过使用"云计算—人工智能—大数据"作为主要的技术基础进行数字化开发，加快了对新

技术、新模式和新业务形式的探索，孵化出一大批以数字智能为标志的高科技中小企业。二是以开发高端产业链为目标，通过高附加值产业链和核心技术，科技型中小企业将自身发展融入产业集群发展，更快地实现产业转型，融入数字化时代浪潮。三是科技型中小企业基于诸如软件硬件连接，人机交互、面向服务的制造之间的交互等交叉领域和行业领域，推动行业整合成为一种趋势。

科技型中小企业正在强化自身与其他产业间的紧密联系。所谓的紧密联系意味着通过多样化发展来促进各种创新学科的"化学反应"，并建立多元活力的联系网络。一是加快与高校、科研机构的深度合作，企业为高校、科研机构提供科技成果转化平台，同时借助其技术力量更好地进行企业本身的科技创新。二是与产业链中的各企业发展紧密联系。不同类型、不同规模的科技型中小企业在关键技术、融资方式以及盈利模式上各有不同，产业链中的各企业基于各自特长特色进行合作，建立相互促进的良性互动模式。诸如近年来，深圳创客经济的快速发展。一方面，创客们在市场上相互沟通并通过创意传递建立良好合作关系；另一方面，创客与生产企业紧密合作，通过产业链的联动机制，生产商积极为创客提供各种新产品开发和测试研究平台，建立广告和交叉营销网络，从而营造创新文化氛围。

三、数字时代科技金融对科技型
中小企业创新的影响

（一）数字时代科技金融对科技型中小企业创新的影响路径

数字时代的科技金融通过运用移动互联网、云计算、大数据和区块链等手段，与传统金融服务结合，更具效率高、覆盖面广和客户访问便利等优势，更可以为科技中小企业创新提供系统、便捷的金融服务支持。综合来看，数字时代，科技金融主要通过以下路径来缓解处于弱势的科技型中小企业的融资限制，激励科技型中小企业增加创新投入，从而促进其创新活动的开展和创新水平提升。如图6-1所示。

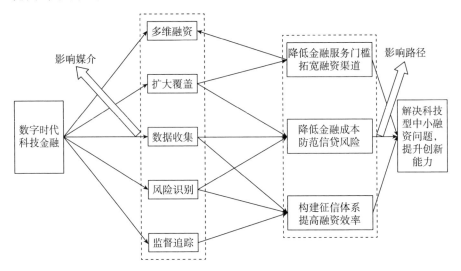

图6-1　数字时代科技金融对科技中小企业创新的影响路径

一是降低金融服务门槛，拓宽融资渠道。在数字时代，科技金融通过数字化技术以相对较低的成本为科技型中小企业等"长尾"客户群提供高质量金融服务，科技型中小企业原本发展规模小、经营不稳定、合格抵押品价值低、缺乏信用审核记录等特点不再成为融资的先天桎梏。从某种意义上说，一方面，数字时代的科技金融打破了基础设施和地理距离等硬件局限，扩大了科技金融的服务覆盖面，并降低了科技金融的服务门槛；另一方面，随着数字技术与科技金融的深度融合，科技型中小企业更易实现多维度融资，增加企业创新的资本投入。

二是降低融资成本，防范信贷风险。数字技术如大数据、云计算、互联网推广应用，帮助科技型中小企业的高质量科技金融服务需求得到满足。以信贷业务为例，借方借助在线网贷平台，既可实现在线信贷，使原本繁复的资信审查迅捷完成，还省了服务门店运营成本。云计算参与成本仅为传统 IT 服务成本的 1/10，除了提升科技金融业务收益外，有效的数据收集和风险识别有助于根本上解决信息不对称问题。

三是构建征信体系，提高融资效率。借助"大、智、移、云"等先进数字技术，科技金融服务于科技型中小企业创新时，投资方通过对目标企业的信用记录、交易记录以及创新项目进行深入分析、评估，不仅可以为目标企业或融资项目搭建一个多维度信用评级系统，简化融资流程，提高金融资源配置效率；还可实时追踪资金流向及监督项目运行，保障企业创新投入持续增加，企业创新水平不断提高。

（二）数字时代科技金融对科技中小企业创新的异质性影响

数字时代，科技金融对科技中小企业创新的影响具有异质性，不同类型企业和不同区域均会引致差异化。如图 6 - 2 所示。

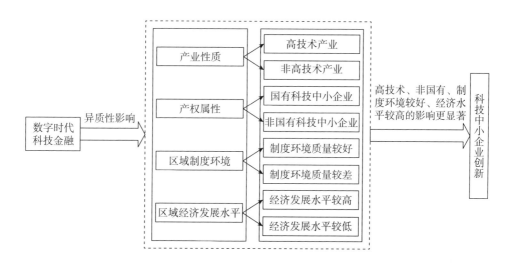

图 6 - 2　数字时代科技金融对科技中小企业创新的异质性影响

数字时代的科技金融模式，通过激励科技型中小企业增加创新投入来减少融资壁垒，而不同类型企业面临不同的融资限制，因而这种激励效应具有异质性。这里主要从产业性质和产权属性的角度对科技型中小企业进行分析。

从产业性质看，高新技术产业的科技型中小企业虽然相比非高新技术产业，具有更强烈的创新融资动机，但仍然存在金融融资的强大障碍。创新项目风险强度增加，仅依靠内部资金无法解决，引致外部资金需求增加，但其"高投入、高风险、高回收期"的特点与传统金融机构坚持的"安全性、流动性、营利性"的准则相斥。数字时代的科技金融，一方面打破了单一化资金投放审批指标，另一方面通过数字化信息监测可以多维、全面、全时地掌握货币信息流，解决信息不对称问题。此外，在市场评估网络中模拟高科技创新项目并评估这些项目的创新价值，对资质较差但项目创新价值较高的科技型中小企业成功融资有较大帮助，有助于进一步优化金融资源配置效率。

从产权属性看，与国有科技企业相比，非国有科技型中小企业的资金需求更大，但也面临着严峻的传统资金约束。基于产权特殊性，国有企业可以获得额外财政援助，也更易于得到规模实力超强的大型国有银行青睐。民营科技型中小企业与传统金融机构之间由于较少直接联系而信息不对称程度更高，加之可能受到的所有制歧视，面临的资金约束也较强。数字时代的科技金融模式下，金融机构的客户征信数据收集渠道并不主要通过直接联系，更多基于大数据，通过及时、高效的数据挖掘获取客户多维信息，并通过搭建信用评级系统等保障数据精准。在数字信贷市场，科技金融灵活性强、体量小、容忍度高等特点与民营科技中小企业创新项目融资速度快、频率高、持续性强等特征更加贴合；而国有企业则可能因体制机制约束对数字科技金融的便利和渠道反应较弱或反应延迟。

区域资源禀赋、经济社会发展水平、制度环境等差异会使各地数字科技金融呈现异质性发展，进而对科技中小企业创新的推动效应表现出显著不同。

这里主要从区域制度环境和区域经济发展水平两方面分析。

区域制度环境方面。科技金融与数字技术的深度融合，与制度环境质量以及区域金融体系完善与否密切相关。由于各区域在经济发展水平、开放程度、社会治理等方面不尽相同，制度环境呈现出明显区域差异性。在制度环境较好的区域，数字科技金融发展更顺畅，相关制度的协调和标准化可以降低科技金融的市场风险，并有效保障资金供求双方权益，有利于科技金融服务的全方位延伸。同时，良好的制度环境可以激励科技中小企业创新行为，增加其创新项目融资机会。

区域经济发展水平。经济、金融和科技创新相互影响，经济发展水平较高的区域，往往有先进的金融体系支撑，科技创新水平高、创新需求和创新能力强的科技型中小企业旺盛增长，充足的资金支持、高水平科研团队集聚等为数字科技金融提供发展沃土，也为科技中小企业创新提供了智力支持、资源保障。而区域经济发展水平较低时，经济基础无法承载数字科技金融萌芽、延展所需要的资源支持，金融发展的滞缓性也无力满足科技中小企业作为"长尾"用户的创新融资需求。

根据以上分析，数字时代，科技金融对高新技术产业科技中小企业创新的推动效应更为明显；与国有科技型中小企业相比，数字时代，科技金融对非国有科技中小企业创新的推动效应更为显著。制度环境质量、经济发展水平较好的区域，数字科技金融对科技型中小企业创新的促进效应更为显著。

（三）数字时代科技金融对科技中小企业创新的影响机制

在数字时代，科技金融对科技型中小企业创新的影响，基于一种协调互促的影响机制。数字理念与数字技术的有效利用，有助于解决主要涉及的政府、金融机构和科技型中小企业三方主体的协调问题，进而推动科技中小企业创新。其核心是通过数字技术工具手段，明晰政府、金融机构、科技型中小企业三方在科技金融中的角色。具体而言，作为主导中介的政府，主要职能是政策制定、金融体系建设、信用环境及金融监管；金融机构的职能主要是科技创新与应用、数字科技金融产品的开发及风险管控；科技中小企业的职能主要在于构建具有信息节点的资金链，形成资金流转。在数字时代，政府负责科技金融环境营造，金融机构践行数字科技金融服务，均为科技中小企业创新提供系统性、科学性的数字科技金融服务体系。如图 6-3 所示。

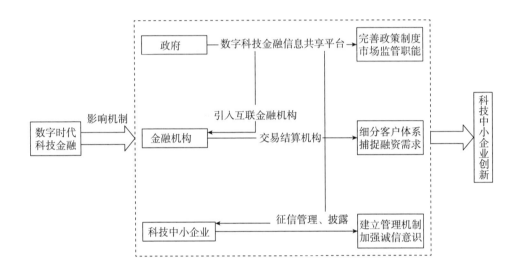

图 6-3　数字时代科技金融对科技中小企业创新的影响机制

1. 政府角色

随着数字技术的飞速发展，政府重点着眼于弥合数据和企业违约成本之间的差距，依托"数字政府"，运用人工智能、区块链等先进技术对企业进行风险画像和信用评价，构建数字时代的科技金融信息共享平台及相应法律、法规政策体系。平台共建以央行、财税、证监会、银保监会、工信部等机构信息共享为基础，整合税务、市场监管、社保、海关、司法、科技、民政以及水电气等各部门数据信息，引入互联网金融机构、商业银行、金融担保企业、保险企业等其他金融机构，操作数据集成和信息的共建、共享，为科技中小企业提供征信管理和征信披露服务。当然，政府部门依据不同职能性质，扮演市场监管中的不同角色，这在数字时代尤为重要。

2. 金融机构角色

金融机构作为数字时代科技金融的重要参与方，与金融科技公司进行平台合作与技术协作开发，充分利用互联网、大数据、云计算等技术构建多业态服务模式，为科技型中小企业提供信息采集、信用评价、信息共享、融资对接、风险补偿等一体化智能融资服务。凝聚数字优势，强化目标客户分析体系等功能的开发，准确、及时捕捉科技中小企业创新的财务融资需求，及时快速反应，高效转化，提升服务效率和精准度。"新冠"肺炎疫情特殊时期，智能对接金融机构专项融资产品，研发贸易融资、供应链金融、智能直融创新模式，为受疫情影响严重的企业量身定做"一揽子""一站式"专属融资服务，按需进行服务展期续期。

3. 科技型中小企业角色

因为数字经济的高渗透性，三次产业的边界越来越模糊，产业之间高度融合，科技型中小企业利用大数据、人工智能等信息化技术实现跨界融合，构建创新网络，在全生命周期内对融通资金流、信息流以及各种创新要素都有更强需求。数字优势也帮助科技型中小企业提高财务管理质量，完善内部治理，建立科学规范的企业内部经营管理机制，增强诚信约束和诚信意识，严格遵守金融法规，充分发挥品牌、网络、技术和线上线下的优势，实现自身创新创意和技术科研院所、行业资源大的龙头企业精准匹配，优化融资生态系统。

四、数字时代科技金融与科技型中小企业创新的政策诉求

明晰政策诉求，才能精准施策，帮助科技型中小企业借力数字时代发展浪潮，与科技金融良性互动，促进创新。

（一）科技型中小企业创新视角的政策诉求与建议

数字时代，科技型中小企业作为投入、研发、受益和风险的主要主体，对支持高效自主创新体系和协同创新的政策需求更加强烈。首先，建设科技产业生态基地，以数字化力量汇聚资源、打造通道，形成集成创新、统筹调配、系统支持的产业生态，以产业新基建塑造中国特色的数字化经济新形态。其次，营造创新氛围，推动企业完善数字化创新管理制度和条例，解决资源配置不优化、使用效率低等问题；注重科技人才培养，培植创新团队，鼓励企业充分挖掘科技人才的创新积极性，为进一步提升企业自主研发能力打好基础。最后，加强产学研协同创新，以服务资源数字化为切入点，以实体落地和第三方平台运营为载体，推动产业数字化服务，促进科技型中小企业创新的持续发展，逐步演进形成全球化合作、共享资源研发的产业协同模式，加速科技成果转化。

（二）科技金融视角的政策诉求与建议

数字时代，科技金融服务机构强烈呼吁优化科技金融生态的精准政策。为此，政府部门首先需要鼓励科技金融服务机构提升数字化管理能力，借助

区块链、物联网、数据云存储、智能算法管理等技术，提升其产品标准化、资产管理、合规经营、风险防控等方面的数字管理能力。其次，构建数字化科技金融服务平台，融合各类公共科技金融的精准服务与政府金融数据等相关政务工作，又为各类科技型中小企业和资本供应提供筛查遴选对接，提供针对性服务类型，创新服务方式。最后，创新建立技术工具与管理模型，建立对于科技金融行业和实体行业的洞察与分析能力，充分利用数字化信息，对源自不同层面的海量数据进行深度挖掘分析，以便进一步发现和满足科技中小企业的创新需求。此外，还需加强风险管控，依托大数据有效防范和控制金融风险。

（三）政府视角的政策诉求与建议

政府既可作为数字科技金融体系中的市场主体，更是弥补市场缺陷发挥调控监管职能的"看得见的手"，对科技型中小企业创新的正外溢效应通过财政力量予以补偿。政府视角的政策诉求既包括各职能部门希望政府赋能的政策需求，也包括下级政府对上级政府、地方对中央政府的相关政策需求。为此，首先，需要加强数字化、信息化等基础设施建设，打造数字政府，加快部门业务信息系统与政务服务平台对接整合，做好政务数据梳理归集和共享应用；加强政府部门间的深度协调合作，以数字政府建设为牵引，推动政府支持科技金融与科技型中小企业创新的理念、模式、内容、手段全方位变革，创新大数据监管模式，打造数据驱动、人机协同、跨界融合的智能化政府服务新模式。其次，赋权地方政府特别是基层政府，鼓励各地探索利用5G等先进技术健全地方特色的科技金融良性互动支撑体系，健全科技型中小企业技术认定、保护专利技术、有效配置资本、鼓励金融机构积极参与融资活动、科技成果转化等体系。鼓励各地在建立信息化网络平台、保护产权交易、规范交易行为、保护各方主体的合法权益，促进风险投资安全循环等方面进行地方模式探索，鼓励为科技金融领域新生事物开设试点，先行先试。另外，中央与地方建立权责匹配的数字时代科技金融监管体系也是当务之急，奠定中央与地方合力防控金融风险的政策基调，建构金融稳定与创新的动态平衡。

五、数字时代科技金融与科技型
中小企业创新的发展趋势

（一）数字时代科技金融的发展趋势

从金融效率、普惠功能、数据优势及金融脱媒等方面分析数字时代科技金融的发展趋势，可以做出合理展望。

第一，金融效率日趋提升。数字时代的科技金融充分融合数字技术与金融，有效地提高了各种金融服务的效率并降低了成本。首先，数字时代的科技金融正在彻底改变支付与销售方式。借助互联网技术，支付和销售可以与目标买家直接联系，打破时空的限制并建立点对点联系，从而使资金跨时空流动速度得以提高、销售方式更加优化，极大地提高了金融服务效率并降低了金融成本。其次，数字时代，科技金融借助 P2P 等技术改善了金融市场绩效，加大金融信息的整合力度并降低债务成本。最后，数字时代，科技金融大规模使用云计算和大数据等技术建立金融数据，从金融信息的收集、处理和分析等过程中提升金融服务效率，大大减少了金融机构的内部支出。

第二，普惠功能日趋增强。随着数字时代科技金融和金融基础设施的不断发展与完善，金融服务覆盖范围和普惠效果得到了提升。一方面，数字科技金融的发展增加了金融全方位服务的概率，特别是农村、偏远地区也容易获得数字金融产品服务，科技金融普惠性激增；另一方面，数字时代，科技金融依托金融科技实现了金融商业模式创新，借助区块链、云计算和大数据等技术彻底改变了传统征信方式，金融普惠程度提升。

第三，数据优势日趋增强。数字科技金融使用大数据和云计算技术解决金融业务的复杂会计问题，重新整合金融业务的数据应用。首先，数字科技金融根除人工收集数据的弊端，实现数据自动化收集与存储。就数据收集内容而言，科技金融依托互联网，通过线上线下结合，多维度、多场景地收集数据，更易解决信息不对称的传统金融问题。就数据收集效率而言，物联网、云计算和人工智能等新技术可以对目标人群行为数据进行智能化采集和处理。其次，在数据应用方面，大数据等数字技术充分应用于金融业务各环节，为金融业务开展提供强而有力的数据支撑。

第四，金融脱媒日趋增强。数字时代，科技金融利用数字技术和互联网技术在金融效率、信息对称性和普惠性等方面发挥巨大作用，推动了金融的二次脱媒。第三方支付、P2P 等数字科技金融通过高收益商业模式创新吸收市场资金，存款外流等金融脱媒情况明显增多。第三方支付 APP 以创新的金融产品吸引"长尾"客户，减弱传统商业银行的中介作用。P2P 金融模式使传统金融机构从中介转变为投资平台，为借贷双方提供撮合交易方便双方直接联系精准匹配的平台，对市场上投融资行为的脱媒影响巨大。

第五，金融科技日趋强劲。金融云的应用向更加核心和关键的"深水区"迈进，金融企业在未来云计算的应用中将更加需要建立完善的灾难备份和灾难恢复体系，专门针对云计算应用风险管理的"云保险"业务快速发展，金融行为将是重要的需求方。大数据应用走向跨界融合，标准与规范是发展关键，建立与完善金融大数据的技术标准和应用规范成为金融大数据的重要保障。智能风控、智能投顾和智能投研等应用场景，成为人工智能应用的未来核心方向。监管科技将依托于监管机构的管理需求和从业结构的合规需求，成为金融科技应用的爆发点。

（二）数字时代科技型中小企业创新的发展方向

数字时代，科技型中小企业创新发展的重点和方向应围绕数字产业化、产业数字化、治理数字化三个方向展开，加强顶层设计，切实把信息技术创新的后发优势、技术应用的领先优势转化为科技型中小企业创新的发展优势，推动数字技术在科技型中小企业的产业全链条、全领域渗透应用，推动科技中小企业实现高质量创新发展。

1. 以数字产业化丰富科技型中小企业信息化创新模式

大数据技术推广加快，在全国范围内将兴起节点城市建设，帮助大公司组建大数据交易中心，优化软件和信息技术服务，加快数据存储、挖掘，自然语言等技术研发和外部数据技术开发，诸如发展认知过程外包、数据技术外包、循环交易等服务，培育互联网新业态。加快人工智能研发，支持开展新型人机交互、生物识别、自主决策控制、语音识别等算法的研发。物联网技术应用加快，培育并引入传感器、集成电路、系统集成等物联网企业，采用射频识别、北斗卫星导航系统、智能存储等物联网技术，发展分布式发电、能量存储、智能微电网、主动配电网等智能电网技术，形成具有国际竞争力的物联网应用服务产业。信息产业链发展协调，高端芯片、核心电子元器件、基础及关键应用软件的研发力度加大，推动软件开发、电子信息制造、信息安全、网络管理等协同发展，推动科技中小企业信息化创新运作。

2. 以产业数字化助推数字技术与科技型中小企业深度融合

数字技术改变并提升了产业发展模式与水平，数据已经成为必要工具和创新引擎。数据链将加强产业链、供应链以及价值链的相互联系。人工智能、物联网、工业互联网等新基建布局逐步扩展，落后区域超前布局成为必然，促使新一代信息技术与生产制造、能源服务、生物工程等科技产业深度融合，提升工业互联网供给能力。大数据技术将融入科技型中小企业创新的设计、工艺、生产、管理、营销等各个环节，数字化工厂、数字化车间建设成为趋势，工业机器人、智能终端设备的应用得到强化，科技型中小企业智能化水平快速提升，加快实现科技产业体系由要素驱动转变成创新驱动。

数字技术推动新兴产业蓬勃发展。新型数字技术的应用推广，便于及时、精确、全面的信息交互，创建无边界化、灵活化的组织类型，形成涉及多元主体的科技产业生态体系。需要努力探索差异化、多样化、创新化的科技型中小企业生产组织方式，促进数据资源开放共享与信息消费升级，推动跨境电商、智慧医疗、远程教育等新业态成为经济增长点。更重要的是，推动科技型中小企业扎根实体经济，发挥其创新源头的技术先导力，在理论创新、技术创新、模式创新、应用示范多个维度上实现突破。

3. 以治理数字化提升科技型中小企业创新管理水平

积极推动数据共享交换平台的建设。健全科技型中小企业数据网站的公共数据资源，有效推进财务、人事、生产等领域的信息系统整合共享，提升信息资源共享能力，推进公共数据资源的统一采集分类、集中存储管理、分级有序开放，并逐步打通纳税、社保、用电用水等信息，形成覆盖全国的资讯全面的科技中小企业数据共享交换平台。分步打造科技型中小企业网格化的创新管理模式。整合生产、销售、策划、财务、人事、广告等与企业内外部治理相关的资源，构建包含生产、加工、管理、销售等事务的创新管理云平台系统，实现企业创新管理服务的网格化和精细化。在财务信息更加透明、信用支撑得到强化的情况下，借助"数字增信"，科技型中小企业创新的融资难、融资贵难题也将更好地破解。

（三）数字时代科技金融支持科技型中小企业创新的发展趋势

数字时代，数字经济与实体经济有效融合，科技型中小企业创新在科技金融的支持下，将会实现数字化管理、产业链协同与模式变革，创新能力进一步增强，实现可持续发展。

第一，互联互通，模式变革。数字时代，科技型中小企业创新转型发展的关键环节是进行模式变革。借助数字科技金融的大数据平台、区块链云服务、智能 AI 等，科技型中小企业不只高效获取所需的个性化融资服务，在寻找、利用、建构孵化体系方面更为迅捷，变革传统创新模式，改变生产、质量控制方式，调整科技产品、科技发展的业务模式，缩短用户距离，形成数据驱动，真正实现以用户为中心。

第二，数字化管理，产业链协同。科技金融以数字服务平台为基础，利用现代化数字技术，结合区域发展产品特色，提供的市场化服务与公共服务、社会化公益服务相结合，更趋规范化、精细化、个性化和精准；再结合政府引导政策，以产业合作为载体，助力打造"全产业链数字工厂"，推进科技型中小企业创新数字化。产业链协同的构建，有利于打通科技型中小企业上下游各个环节，提高创新效率，降低成本，提升企业竞争力，实现多赢。科技型中小企业创新既是产业融合的动力，又借力于产业融合，同时与产业链大型企业、微型企业的融合加强，科技金融服务深入产业链条，服务手段更先进与多元，服务方式突出"融合"，以实现资金融通与创新要素流通的高速高效。

参 考 文 献

［1］An Jiafu , Rau Raghavendra. Finance, Technology and Disruption ［J］. The European Journal of Finance, 2021, 27 （4 - 5） : 334 - 345.

［2］Ana Milena Padilla - Ospina , Javier Enrique Medina - Vásquez , Jorge Alberto Rivera - Godoy. Financing Innovation: A Bibliometric Analysis of the Field ［J］. Journal of Business & Finance Librarianship, 2018, 23 （1） : 63 - 102.

［3］Azamat Oteuliev. Effective Mechanism of Public Financing Innovation Start - ups: Evidence from Uzbekistan ［J］. International Journal of Management, IT and Engineering, 2016, 6 （2） : 148 - 163.

［4］Clegg Stewart R , Burdon Stephen, et al. Exploring Creativity and Innovation in Broadcasting ［J］. Human Relations, 2021, 74 （6） : 791 - 813.

［5］Comin Diego, Nanda Ramana. Financial Development and Technology Diffusion ［J］. IMF Economic Review, 2019, 67 （2）: 395 - 419.

［6］D. Prianichnikov. Financing Innovation Companies ［J］. Problems of Economic Transition, 2013, 56 （6） : 68 - 75.

［7］Dhanora Madan, et al. Technological Innovations and Market Power: A Study of Indian Pharmaceutical Industry ［J］. Millennial Asia, 2021, 12 （1） :

5 – 34.

[8] Ewa Karwowski, Engelbert Stockhammer. Financialisation in Emerging Economies: A Systematic Overview and Comparison with Anglo – Saxon Economies [J]. Economic and Political Studies, 2016, 5 (1): 60 – 86.

[9] Gan Qingqiu, Hong Jin, Hou Bojun. Assessing the Different Types of Policy Instruments and Policy Mix for Commercialisation of University Technologies [J]. Technology Analysis & Strategic Management, 2021, 33 (5): 554 – 567.

[10] Ginta Railiene. E – finance Innovations through Social Activities: The Case of Lithuanian Banking Services [J]. Int. J. of Business Excellence, 2015, 8 (4): 417 – 432.

[11] Ibrahim Bostan, Mariana Spatareanu. Financing Innovation through Minority Acquisitions [J]. International Review of Economics & Finance, 2018 (57): 418 – 432.

[12] Jarunee Wonglimpiyarat. The Role of Equity Financing to Support Entrepreneurship in Asia – The Experience of Singapore and Thailand [J]. Technovation, 2013, 33 (4 – 5): 163 – 171.

[13] Jiehui Yang, Qinglan Han, Juanmei Zhou, Chunlin Yuan. The Influence of Environmental Management Practices and Supply Chain Integration on Technological Innovation Performance in China's Manufacturing Industry [J]. Sustainability, 2015 (7): 15342 – 15361.

[14] Josh Lerner, Ramana Nanda. Venture Capital's Role in Financing Innovation: What We Know and How Much We Still Need to Learn [J]. Journal of Economic Perspectives, 2020, 34 (3): 237 – 261.

[15] Juanmei Zhou, Yueru Ma, Weibo Cheng. Cross – level Relationship between Authentic Leadership and Employees' Innovation Behaviors: The Mediating

Role of Employees' Emotions ［J］. Social Behavior and Personality, 2014, 42 (8): 1267 – 1278.

［16］Kaur Sumeet , Kaur Harneet , Kaur Navneet. Empowering Women through Micro Finance in India ［J］. Globus – An International Journal of Management and IT, 2021, 12 (1) : 1 – 5.

［17］Maria Aristizabal – Ramirez , Maria Camila Botero – Franco , Gustavo Canavire – Bacarreza. Does Financial Development Promote Innovation in Developing Economies? An Empirical Analysis ［J］. Review of Development Economics, 2017, 21 (3) : 475 – 496.

［18］Maskus Keith E. , Milani Sahar, Neumann Rebecca. The Impact of Patent Protection and Financial Development on Industrial R&D ［J］. Research Policy, 2019, 48 (1): 355 – 370.

［19］Md. Qamruzzaman, Wei Jianguo. SME Financing Innovation and SME Development in Bangladesh: An Application of ARDL ［J］. Journal of Small Business & Entrepreneurship, 2018, 31 (6) : 521 – 545.

［20］Mikheeva Olga. Financing of Innovation: National Development Banks in Newly Industrialized Countries of East Asia ［J］. Journal of Post Keynesian Economics, 2019, 42 (4): 590 – 619.

［21］Nakao Wataru, Osada Toshio, Nishiwaki Tomoya, Otsuka Hideyuki. Focus on Self – healing Materials: Recent Challenges and Innovations ［J］. Science and Technology of Advanced Materials, 2021, 22 (1): 230 – 234.

［22］Patrick Bolton , Xavier Musca , Frédéric Samama. Global Public—Private Investment Partnerships: A Financing Innovation with Positive Social Impact ［J］. Journal of Applied Corporate Finance, 2020, 32 (2) : 31 – 41.

［23］Prakash Singh , Dibyendu Maiti. Sources of Finance, Innovation and

Exportability in Asia: Cross – country Evidences [J]. Journal of Asian Economic Integration, 2019, 1 (1): 73 – 96.

[24] Reijer Hendrikse, Michiel van Meeteren, David Bassens. Strategic Coupling between Finance, Technology and the State: Cultivating a Fintech Ecosystem for Incumbent Finance [J]. Environment and Planning A: Economy and Space, 2020, 52 (8): 1516 – 1538.

[25] Ricardo Monge González, Juan Antonio Rodríguez Alvarez, Juan Carlos Leiva. An Impact Evaluation of a Fund to Finance Innovation in SMEs [J]. Academia Revista Latinoamericana de Administración, 2016, 29 (1): 20 – 43.

[26] Robert G King, Ross Levine. Finance and Growth: Schumpeter Might be Right [J]. The Quarterly Journal of Economics, 1993, 108 (3): 717 – 737.

[27] Ryu Dongwoo, Baek Kwang Ho, Yoon Junghyun. Open Innovation with Relational Capital, Technological Innovation Capital, and International Performance in SMEs [J]. Sustainability, 2021, 13 (6): 3418 – 3418.

[28] Sabrina T Howell. Financing Innovation: Evidence from R&D Grants [J]. American Economic Review, 2017, 107 (4): 1136 – 1164.

[29] Siong Hook Law, Weng Chang Lee, Nirvikar Singh. Revisiting the Finance – innovation Nexus: Evidence from a Non – linear Approach [J]. Journal of Innovation & Knowledge, 2018, 3 (3): 143 – 153.

[30] Teti Emanuele, Maroni Davide. The New Great Bubble in the Technology Industry? [J]. Technology Analysis & Strategic Management, 2021, 33 (5): 520 – 534.

[31] Vikas Dewangan, Manish Godse. Towards a Holistic Enterprise Innovation Performance Measurement System [J]. Technovation, 2014, 34 (9): 54 – 58.

[32] Yueru Ma, Weibo Cheng, Barbara A. Ribbens, Juanmei Zhou. Linking

Ethical Leadership and Employee Creativity：The Mediating Roles of Knowledge Sharing and Self – efficacy［J］. Social Behavior and Personality，2013，41（9）：1409 – 1420.

［33］薄凡. 区域科技金融一体化障碍及其突破研究——以山西省为例［J］. 兰州财经大学学报，2015，31（6）：48 – 53.

［34］鲍栎月. 异质性科技金融投入对战略性新兴企业创新能力的影响研究［D］. 太原：中北大学，2020.

［35］曹文芳. 科技金融支持科技创新的实证检验［J］. 统计与决策，2018，34（13）：160 – 163.

［36］陈非，蒲惠荧，龙云凤. 广东省科技金融投入与创新效率地区差异的实证研究［J］. 科技管理研究，2019，39（17）：82 – 90.

［37］陈晓红，马鸿烈. 中小企业技术创新对成长性影响——科技型企业不同于非科技型企业？［J］. 科学学研究，2012，30（11）：1749 – 1760.

［38］陈玉荣. 科技型中小企业各生命周期阶段的特点及融资策略［J］. 科技进步与对策，2010，27（14）：91 – 93.

［39］戴浩，柳剑平. 政府补助、技术创新投入与科技型中小企业成长［J］. 湖北大学学报（哲学社会科学版），2018，45（6）：138 – 145.

［40］杜江，张伟科，范锦玲，韩科振. 科技金融对科技创新影响的空间效应分析［J］. 软科学，2017，31（4）：19 – 22 + 36.

［41］杜金岷，梁岭，吕寒. 中国区域科技金融效率研究——基于三阶段 DEA 模型分析［J］. 金融经济学研究，2016，31（6）：84 – 93.

［42］房汉廷. 关于科技金融理论、实践与政策的思考［J］. 中国科技论坛，2010（11）：5 – 10 + 23.

［43］房汉廷. 科技金融本质探析［J］. 中国科技论坛，2015（5）：5 – 10.

［44］冯锐，刘广，罗艳娟．广东省科技创新与金融发展的耦合研究［J］．广州大学学报（社会科学版），2017，16（12）：63－69．

［45］付剑峰，邓天佐．科技金融服务机构支持科技型中小企业融资发展的案例研究［J］．中国科技论坛，2014（3）：154－160．

［46］付剑峰，邓天佐．科技金融服务机构支持科技型中小企业融资发展的案例研究［J］．中国科技论坛，2014（3）：154－160．

［47］甘星，甘伟．环渤海、长三角、珠三角三大经济圈科技金融效率差异实证研究［J］．宏观经济研究，2017（11）：103－114．

［48］高长元，王京．网络视角下软件产业虚拟集群创新扩散模型研究［J］．管理科学，2014，27（4）：123－132．

［49］耿宇宁，周娟美，燕志鹏，刘玉强．科技金融发展能否促进中小制造业企业技术创新？——基于中介效应检验模型［J］．科技和产业，2020，20（6）：1－8．

［50］耿宇宁，周娟美，张克勇，刘玉强．科技金融发展对科技型中小企业创新产出的异质性影响研究——来自中部六省的证据［J］．武汉金融，2020（4）：62－67．

［51］顾群．供应链金融缓解融资约束效应研究——来自科技型中小企业的经验证据［J］．财经论丛，2016（5）：28－34．

［52］郭研，郭迪，姜坤．政府资助、项目筛选和企业的创新产出——来自科技型中小企业创新基金的证据［J］．产业经济研究，2015（2）：33－46．

［53］韩刚．商业银行金融创新与科技型小微企业融资困境突破——以交通银行苏州科技支行为例［J］．金融理论与实践，2012（4）：20－23．

［54］韩景旺，陈小荣．河北省科技金融与科技创新互动发展关系的实证研究［J］．河北经贸大学学报，2020，41（3）：72－81．

［55］何芸，贝政新．长三角经济圈科技创新与金融发展的耦合研究
［J］．技术经济与管理研究，2019（3）：20－24．

［56］侯世英，宋良荣．金融科技、科技金融与区域研发创新［J］．财
经理论与实践，2020，41（5）：11－19．

［57］胡丽娜．财政分权、财政科技支出与区域创新能力——基于中国
省级面板数据的实证研究［J］．经济体制改革，2020（5）：149－155．

［58］黄继忠，黎明．科技金融对创新效率影响的实证研究——基于中
国高技术产业省级面板数据［J］．工业技术经济，2017，36（9）：17－23．

［59］纪建强，陈晓和．科技型小微企业融资难的原因及对策研究［J］．
科技进步与对策，2013，30（24）：111－116．

［60］江湧，闫晓旭，刘佐菁，杜赛花．基于 DEA 模型的科技金融投入
产出相对效率分析——以广东省为例［J］．科技管理研究，2017，37（3）：
69－74．

［61］蒋文华，周钰玲，谭建立．地方政府财政能力对省际创新的影
响——基于门限面板和空间面板模型的实证分析［J］．云南财经大学学报，
2017，33（3）：89－98．

［62］揭红兰．科技金融、科技创新对区域经济发展的传导路径与实证
检验［J］．统计与决策，2020，36（1）：66－71．

［63］解学梅．中小企业协同创新网络与创新绩效的实证研究［J］．管
理科学学报，2010，13（8）：51－64．

［64］李大庆，李庆满，单丽娟．产业集群中科技型小微企业协同创新
模式选择研究［J］．科技进步与对策，2013，30（24）：117－122．

［65］李健，马亚．科技与金融的深度融合与平台模式发展［J］．中央
财经大学学报，2014（5）：23－32．

［66］李健，卫平，张玲玉．产权结构变动和区域创新投入——基于中国

省际面板数据的实证分析［J］．研究与发展管理，2017，29（4）：11－22.

［67］李俊霞，温小霓．中国科技金融资源配置效率与影响因素关系研究［J］．中国软科学，2019（1）：164－174.

［68］李丽．金融创新与科技创新耦合的机理及效应研究［D］．武汉：武汉理工大学，2017.

［69］李伟杰，刘婷，王继明．地方政府促进科技企业孵化器发展路径研究［J］．经济问题，2014（10）：62－66.

［70］李向东，李南，白俊红，谢忠秋．高技术产业研发创新效率分析［J］．中国软科学，2011（2）：52－61.

［71］李贞，杨洪涛．吸收能力、关系学习及知识整合对企业创新绩效的影响研究——来自科技型中小企业的实证研究［J］．科研管理，2012，33（1）：79－89.

［72］蔺鹏，孟娜娜，李颖．科技金融政策与科技型中小企业创新绩效的耦合协调研究——以河北省为例［J］．科技管理研究，2018，38（3）：54－62.

［73］刘纳新，伍中信，林剑峰．科技型小微企业融资风险传导过程研究——基于小世界网络视角［J］．会计研究，2015（1）：56－60＋97.

［74］刘文丽，郝万禄，夏球．我国科技金融对经济增长影响的区域差异——基于东部、中部和西部面板数据的实证分析［J］．宏观经济研究，2014（2）：87－94.

［75］刘玉强，齐昆鹏，赵公民．大型社会技术系统的实施验证——"事故"作为一种学习资源［J］．系统科学学报，2018（8）：35－40.

［76］廖岷，王鑫泽．科技金融创新：新结构与新动力［M］．北京：中国金融出版社，2016.

［77］武勇杰，赵公民，俞立平．资本积累、外部性与地区差异——基

于地区吸收能力的视角［J］. 现代经济探讨，2019（2）：19 – 25.

［78］芦锋，韩尚容. 我国科技金融对科技创新的影响研究——基于面板模型的分析［J］. 中国软科学，2015（6）：139 – 147.

［79］吕途，王学真. 科技金融对区域绿色创新效率提升的人力资本门槛效应研究［J］. 湖南师范大学社会科学学报，2020，49（5）：71 – 81.

［80］马丽仪，杨宜. 科技金融网络的结构、演化及创新机制——背景、现状与研究框架［J］. 科技与经济，2015，28（6）：63 – 67.

［81］马凌远，李晓敏. 科技金融政策促进了地区创新水平提升吗？——基于"促进科技和金融结合试点"的准自然实验［J］. 中国软科学，2019（12）：30 – 42.

［82］马维娜. 山西省科技金融发展特点及问题解决思路［D］. 太原：山西大学，2011.

［83］马文聪，李小转，廖建聪，张光宇. 不同政府科技资助方式对企业研发投入的影响［J］. 科学学研究，2017，35（5）：689 – 699.

［84］马跃如，程伟波，周娟美. 心理所有权和犬儒主义在包容性领导对员工离职倾向影响中的中介作用［J］. 中南大学学报（社会科学版），2014，20（3）：6 – 12.

［85］欧明刚. 中小银行股权管理的几点思考［J］. 银行家，2018（12）：22 – 24.

［86］潘娟，张玉喜. 政府、企业、金融机构科技金融投入的创新绩效［J］. 科学学研究，2018，36（5）：831 – 838 + 846.

［87］戚湧，郭逸. 江苏科技金融与科技创新互动发展研究［J］. 科技进步与对策，2018，35（1）：41 – 49.

［88］秦军. 科技型中小企业自主创新的金融支持体系研究［J］. 科研管理，2011，32（1）：79 – 88.

［89］邱晓天．我国科技金融发展的区域差异及影响因素研究［D］．长沙：中南林业科技大学，2017．

［90］饶彩霞，唐五湘，周飞跃．我国科技金融政策的分析与体系构建［J］．科技管理研究，2013，33（20）：31－35．

［91］宋建波，文雯，张海晴．科技创新型企业的双层股权结构研究——基于京东和阿里巴巴的案例分析［J］．管理案例研究与评论，2016，9（4）：339－350．

［92］苏雅．科技型中小企业新三板融资问题研究［J］．科学管理研究，2015，33（6）：105－108．

［93］孙龙，雷良海．科技金融生态对科技创新的跨层级交互作用研究——基于两阶层线性模型的实证分析［J］．技术经济，2021，40（2）：1－7．

［94］唐雯，陈爱祖，饶倩．以科技金融创新破解科技型中小企业融资困境［J］．科技管理研究，2011，31（7）：1－5．

［95］铁卫，王天恒．财政科技支出与经济增长的实证分析——以陕西省为例［J］．统计与信息论坛，2012，27（2）：43－47．

［96］汪淑娟，谷慎．科技金融对中国经济高质量发展的影响研究——理论分析与实证检验［J］．经济学家，2021（2）：81－91．

［97］王仁祥，杨曼．制度环境、基础设施与"科技—金融"系统效率改善［J］．科学学研究，2017，35（9）：1313－1319．

［98］王卫星，林凯．轻资产运营下科技型中小企业盈利模式的实证研究［J］．科技管理研究，2015，35（7）：185－191．

［99］王文寅．山西省社会信用体系建设现状及改革创新研究［N］．中北大学校报，2009－06－27．

［100］王遥，赵公民，周娟美．广东省科技金融发展报告［M］．广

州：暨南大学出版社，2016．

[101] 王遥，赵公民，周娟美．广东省科技金融发展报告 [M]．广州：暨南大学出版社，2017．

[102] 王莹莹，王仁祥．科技创新和金融创新耦合机理及实证分析 [J]．技术经济与管理研究，2017（12）：66-71．

[103] 翁莉，殷媛．长三角地区科技企业孵化器运行效率分析——以上海、杭州和南京为例 [J]．科学学与科学技术管理，2016，37（3）：106-115．

[104] 吴江涛．科技型小微金融制度创新研究 [J]．科技进步与对策，2012，29（19）：103-106．

[105] 吴松强，曹刘，王路．联盟伙伴选择、伙伴关系与联盟绩效——基于科技型小微企业的实证检验 [J]．外国经济与管理，2017，39（2）：17-35．

[106] 吴延兵．用 DEA 方法评测知识生产中的技术效率与技术进步 [J]．数量经济技术经济研究，2008（7）：67-79．

[107] 吴岩．基于主成分分析法的科技型中小企业技术创新能力的影响因素研究 [J]．科技管理研究，2013，33（14）：108-112．

[108] 吴翌琳，谷彬．科技金融服务体系的协同发展模式研究——中关村科技金融改革发展的经验与启示 [J]．中国科技论坛，2013（8）：134-141．

[109] 谢文君，沈蕾，王仁祥，沈兰玲．财政分权与中国省际科技—金融耦合效率：抑制还是促进？[J]．经济问题，2021（3）：41-47．

[110] 徐玉莲，王玉冬，林艳．区域科技创新与科技金融耦合协调度评价研究 [J]．科学学与科学技术管理，2011，32（12）：116-122．

[111] 薛捷．区域创新环境对科技型小微企业创新的影响——基于双元

学习的中介作用 [J]. 科学学研究, 2015, 33 (5): 782 – 791.

[112] 薛晔, 蔺琦珠, 高晓艳. 中国科技金融发展效率测算及影响因素分析 [J]. 科技进步与对策, 2017, 34 (7): 109 – 116.

[113] 闫磊, 姜安印, 冯治库. 科技型中小企业投资价值的生命周期特征及融资匹配分析 [J]. 当代经济科学, 2016, 38 (3): 114 – 123 + 128.

[114] 闫燕燕, 赵丽娟. 公共科技金融对科技创新能力的影响研究——基于微观公司层面和宏观省级层面的实证研究 [J]. 中国产业经济, 2020 (9): 45 – 49.

[115] 杨帆. 上海科技金融综合服务平台运作中存在的问题及对策研究 [D]. 郑州: 河南大学, 2017.

[116] 杨洪涛, 刘分佩, 左舒文. 研发费用加计扣除政策实施效果及影响因素分析——以上海民营科技企业为例 [J]. 科技进步与对策, 2015, 32 (6): 132 – 135.

[117] 杨磊, 唐瑞红, 陈雪. 科技型中小企业在线供应链金融创新融资模式 [J]. 科技管理研究, 2016, 36 (19): 214 – 219.

[118] 姚王信, 夏娟, 孙婷婷. 供应链金融视角下科技型中小企业融资约束及其缓解研究 [J]. 科技进步与对策, 2017, 34 (4): 105 – 110.

[119] 叶莉, 王亚丽, 孟祥生. 中国科技金融创新支持效率研究——基于企业层面的理论分析与实证检验 [J]. 南开经济研究, 2015 (6): 37 – 53.

[120] 游达明, 朱桂菊. 区域性科技金融服务平台构建及运行模式研究 [J]. 中国科技论坛, 2011 (1): 40 – 46.

[121] 俞立平, 周娟美. 科技评价中兼顾均值与区分度的标准化方法研究——动态最小均值逼近标准化方法 [J]. 情报杂志, 2020, 39 (8): 180 – 185.

[122] 俞立平, 周娟美. 学术期刊扩散因子的改进研究——扩散指数

［J］．情报杂志，2020，39（12）：156＋188－192．

［123］曾胜，卜政．我国公共科技金融发展评价及区域差异研究［J］．重庆工商大学学报（社会科学版），2017，34（4）：29－36．

［124］张林，李雨田．金融发展与科技创新的系统耦合机理及耦合协调度研究［J］．南方金融，2015（11）：53－61．

［125］张蒙．科技金融促进中小企业创新面临的问题及其应对［J］．产权导刊，2016（11）：38－41．

［126］张倩霞．科技金融发展模式比较研究［D］．苏州：苏州科技大学，2018．

［127］张兴旺，陈希敏．国内外科技金融创新发展模式比较研究［J］．科学管理研究，2017，35（5）：112－115．

［128］张玉喜，赵丽丽．政府支持和金融发展、社会资本与科技创新企业融资效率［J］．科研管理，2015，36（11）：55－63．

［129］张玉喜，赵丽丽．中国科技金融投入对科技创新的作用效果——基于静态和动态面板数据模型的实证研究［J］．科学学研究，2015，33（2）：177－184＋214．

［130］赵昌文，陈春发，唐英凯．科技金融［M］．北京：科学出版社，2009．

［131］赵成婧．区域性科技金融生态环境评价研究［D］．合肥：安徽大学，2019．

［132］赵公民，周娟美．建设山西省科技金融服务体系［N］．山西日报，2019－02－26（014）．

［133］肇启伟，付剑峰，刘洪江．科技金融中的关键问题——中国科技金融2014年会综述［J］．管理世界，2015（3）：164－167．

［134］郑玉航，李正辉．中国金融服务科技创新的有效性研究［J］．中

国软科学，2015（7）：127－136.

［135］周娟美，马跃如，程伟波．制造业真诚领导对员工满足感的影响机制分析［J］．经济问题，2014（8）：78－82.

［136］周娟美，马跃如．辨别创新与"非创新"［J］．企业管理，2012（6）：38－40.

［137］周娟美，周默．我国新能源汽车产业技术创新系统演化研究［J］．科技通报，2020，36（9）：119－126.

［138］周娟美．科技创新与资源型城市产业转型［D］．太原：山西大学，2006.

［139］周娟美．"荷花绽放"创新技法［J］．企业管理，2013（11）：81－84.

［140］周娟美．创新流程化［J］．企业管理，2010（5）：92－94.

［141］周娟美．员工驱动的创新（EDI）：一种新颖的创新模式［J］．科技进步与对策，2014，31（16）：7－10.

［142］周娟美．基于"互联网＋"山西省科技型中小企业创新机理及其支持政策研究［N］．中北大学校报，2019－07－05.

［143］周娟美．资源型城市转型中的科技创新［N］．中北大学校报，2008－01－18.

［144］周娟美，郭丕斌．新型工业化—资源型城市发展的根本出路——以山西潞城为例［J］．山西高等学校社会科学学报，2006（4）：40－42.

［145］周娟美，郭强华，王作功，俞立平．科技评价指标值与评价属性背离及修正研究——基于多属性评价视角［J］．图书情报工作，2018，62（22）：100－108.

［146］周娟美，刘佳蓓，高玮．互联网背景下我国流通效率实证测度［J］．商业经济研究，2019（9）：12－14.

［147］周锐波，刘叶子，杨卓文．中国城市创新能力的时空演化及溢出效应［J］．经济地理，2019，39（4）：85 – 92.

［148］邹克，倪青山．公共科技金融存在替代效应吗？——来自 283 个地市的证据［J］．中国软科学，2019（3）：164 – 173.